"一带一路"能源合作年度报告 2022

ANNUAL REPORT ON ENERGY COOPERATION ALONG BELT AND ROAD 2022

中国-中亚
能源合作报告

REPORT ON ENERGY
COOPERATION BETWEEN
CHINA AND CENTRAL ASIAN
COUNTRIES

电力规划设计总院　　◎编著

人民日报出版社
北 京

图书在版编目（ＣＩＰ）数据

中国-中亚能源合作报告 / 电力规划设计总院编著
.－北京：人民日报出版社, 2023.1
ISBN 978-7-5115-7690-3

Ⅰ.①中… Ⅱ.①电… Ⅲ.①能源经济－经济合作－国际合作－研究报告－中国、中亚
Ⅳ.①F426.2 ②F436.062

中国版本图书馆CIP数据核字(2022)第253760号

书　　　名：中国 - 中亚能源合作报告
作　　　者：电力规划设计总院

出 版 人：刘华新
责任编辑：周海燕
封面设计：绳婉朦

出版发行：人民日报出版社
社　　　址：北京金台西路2号
邮政编码：100733
发行热线：(010) 65369527 65369509 65369512 65369846
邮购热线：(010) 65369530 65363527
编辑热线：(010) 65369518
网　　　址：www.peopledailypress.com
经　　　销：新华书店
印　　　刷：三河市嘉科万达彩色印刷有限公司

开　　　本：889mm×1194mm　1/16
字　　　数：330千字
印　　　张：12
版次印次：2023年1月第1版　2023年1月第1次印刷

书　　　号：ISBN 978-7-5115-7690-3
定　　　价：198.00元

编委会

前言
INTRODUCTION

中亚国家是我国经略周边、推进共建"一带一路"倡议的重要合作伙伴。2022年1月，中国同中亚五国共同召开建交30周年视频峰会，这是30年来中国同中亚五国元首第一次集体会晤，具有里程碑意义。峰会最重要的成果，是双方宣布打造中国-中亚命运共同体，开启相互关系的新时代。

中国和中亚国家在传统能源领域合作基础良好，优势互补明显。近年来，在全球碳中和的背景下，中亚国家能源清洁低碳转型进程加快，中国与中亚国家能源合作将由传统能源向新能源领域不断深化和拓展，能源转型领域合作正在成为双方经贸和投资合作新的增长极。开展中国-中亚能源合作研究，全面梳理中亚国家国民经济和能源电力行业概况，准确把握中亚国家能源发展的潜力和增长点，系统分析双方能源合作的基础和重点领域，有助于双方在能源领域开展更大范围、更高水平、更深层次的合作。

《中国-中亚能源合作报告》是电力规划设计总院"一带一路"能源合作年度系列报告之一，报告聚焦中亚地区的能源发展现状与未来趋势，为中国-中亚双方开展更具针对性的务实合作提供参考。本报告共分为六个篇章，第一篇章是综合篇，主要对中亚地区基本情况及能源行业整体情况进行了全面梳理，对地区能源电力整体发展进行了分析预测与展望。第二至第六篇章是国别篇，分别对哈萨克斯坦、吉尔吉斯斯坦、塔吉克斯坦、土库曼斯坦和乌兹别克斯坦五个中亚国家的能源电力行业基本情况、能源电力发展进行了深度分析，系统梳理了中国与中亚各国开展能源合作的基础和潜力，明确了双方未来能源合作的重点领域和行动建议，为双方开展更加有针对性的务实合作提供参考。

在此对本报告编写过程中提出宝贵意见的领导和同事表示诚挚的感谢。因经验和时间有限，报告中难免有疏漏之处，恳请读者批评指正。

《中国-中亚能源合作报告》编写组
2022年12月

目录
CONTENT

02

乌兹别克斯坦
能源合作

UZBEKISTAN
ENERGY COOPERATION

03

吉尔吉斯斯坦
能源合作

KYRGYZSTAN
ENERGY COOPERATION

04

塔吉克斯坦
能源合作

TAJIKISTAN
ENERGY COOPERATION

05

哈萨克斯坦
能源合作

KAZAKHSTAN
ENERGY COOPERATION

06

土库曼斯坦
能源合作

TURKMENISTAN ENERGY COOPERATION

07

附录

APPENDIX

01

综合篇
Regional Report on Central Asia

中亚地区包括哈萨克斯坦、吉尔吉斯斯坦、乌兹别克斯坦、塔吉克斯坦和土库曼斯坦五个国家，整体经济发展向好，能源潜力巨大，被称为"21世纪的能源基地"。近年来，中国与中亚五国能源合作发展迅猛，能源贸易规模增长迅速，能源合作领域和合作方式不断拓宽。随着中亚国家能源清洁低碳转型进程加快，未来中国与中亚国家能源合作将由传统能源向新能源领域不断深化和拓展，成为双方经贸和投资合作新的增长极。

区域基本情况

1.1
国家及地区简介

　　中亚地区位于里海以东，西西伯利亚以南，阿富汗以北及我国新疆以西的亚洲中部地区，包括哈萨克斯坦、吉尔吉斯斯坦、乌兹别克斯坦、塔吉克斯坦和土库曼斯坦五个国家，总面积近 400 万平方公里，人口约 7714 万，人口密度较低。中亚五国地理位置相连，自然环境相近，都曾为苏联的一部分，在政治、经济、文化和历史发展阶段上也都有较多的一致性。

　　中亚五国的人口增长率略高于世界平均水平（1.05 %），人口较为年轻，地区中位数年龄大多在 30 岁以下，基本低于全球人口中位数年龄（30.9）。

表 1-1 中亚五国基本信息

国家	陆地面积（万平方公里）	2022 年人口（万）	人口密度（人 / 平方公里）	人口年增长率	人口中位数年龄
哈萨克斯坦	272.49	1912.5	7	1.21%	31
吉尔吉斯斯坦	19.99	670	34	1.69%	26
塔吉克斯坦	14.31	1000	68	2.32%	22
土库曼斯坦	49.12	572	13	1.50%	27
乌兹别克斯坦	44.89	3560	79	1.48%	28

数据来源：世界银行、外交部

1.2
宏观经济发展情况

> **中亚国家经济总体实现持续稳定增长**

　　2021 年，中亚五国 GDP 总量达到 3930 亿美元。哈萨克斯坦 GDP 总量最高，达到 2140.6 亿美元；乌兹别克斯坦紧随其后，GDP 总量为 1161.9 亿美元；吉尔吉斯斯坦和塔吉克斯坦的 GDP 较低，分别为 85.4 亿美元与 124.8 亿美元。2010-2021 年，中亚五国 GDP 总量保持稳定增长态势，年均增速为 6.4%。

图 1-1 中亚五国 GDP 总量增长情况

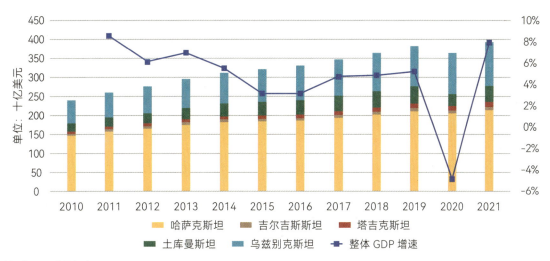

数据来源：世界银行

中亚国家经济发展水平差异较大

中亚五国经济发展并不平衡，各国之间的经济发展差距较大。2021 年，中亚五国中哈萨克斯坦人均 GDP 最高，达到 11265 美元（2015 年不变美元价格），明显高于其他国家，已经属于中高收入水平国家；其余四国人均 GDP 均低于世界平均水平（11057 美元），吉尔吉斯斯坦和塔吉克斯坦人均 GDP 明显较低，经济发展相对滞后。

图 1-2 中亚五国人均 GDP 情况

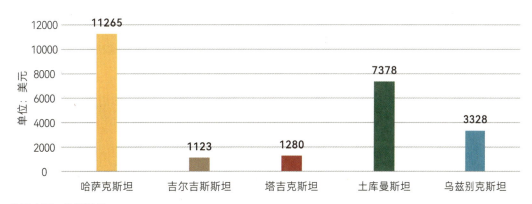

数据来源：世界银行

第二产业为传统经济支柱，第三产业占比较高

中亚五国产业结构差异较小，工业产值占比基本在 35%-45% 左右，这是因为中亚地区矿产资源丰富，受苏联时期经济产业布局的影响，各国基于资源勘探、开采、加工的重工业发展历史悠久，采矿业是第二产业中的支柱。与此同时，第二产业也有效带动了交通、贸易等行业的发展，第三产业产值在中亚五国中的占比均为最高。

图 1-3 中亚五国产业结构

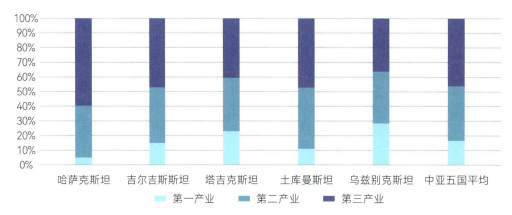

第一产业　第二产业　第三产业

数据来源：世界银行

中亚国家总体债务水平未超安全水平

中亚国家中，大部分国家的债务比例未超过 37%-38% 的安全线水平。其中，土库曼斯坦的债务占 GDP 的比例最小；吉尔吉斯斯坦的债务水平最高，计划在 2025-2028 年大规模清偿。国际三大权威性信用评级机构惠誉、标普和穆迪对中亚国家的评级相近。

表 1-2 中亚五国债务水平指标

国家	债务 /GDP 比例	惠誉	标普	穆迪
哈萨克斯坦	19%	BBB	BBB-	Baa3
土库曼斯坦	6.7%	\	\	\
乌兹别克斯坦	28.1%	BB-	BB-	B1
塔吉克斯坦	32.5%	\	B-	B3
吉尔吉斯斯坦	41.5%	BB-	BB-	B1

数据来源：World Economics

1.3
营商环境和国家风险

中亚国家营商环境正在改善

　　根据世界银行发布的《营商环境报告 2021》，中亚国家的营商环境普遍在逐步改善，评分逐年增高。在世界银行评估的 190 名经济体中，哈萨克斯坦营商环境较为靠前，排在第 25 位，营商评分由 2016 年的 70.9 上升至 2020 年的 79.6。这是由于哈萨克斯坦较早实施开放性措施，建立了较为成熟的国内外市场制度。其他国家的营商环境排名都较为靠后，其中塔吉克斯坦排名最低。

表 1-3 中亚五国营商环境排名与评分

国家	营商环境排名	营商环境评分
哈萨克斯坦	25	79.6
土库曼斯坦	世行未纳入	世行未纳入
乌兹别克斯坦	69	69.9
塔吉克斯坦	106	61.3
吉尔吉斯斯坦	80	67.8

数据来源：世界银行

图 1-4 历年营商环境评分

数据来源：世界银行

对外贸易以中俄为主，辐射欧亚大陆

中亚五国中，哈萨克斯坦与土库曼斯坦为贸易净出口国，乌兹别克斯坦、塔吉克斯坦与吉尔吉斯斯坦三国均为贸易净进口国。哈萨克斯坦的对外贸易额度大幅高于其他四国，这与哈萨克斯坦的经济体量高度相关。

图 1-5 2020 年中亚五国对外贸易情况

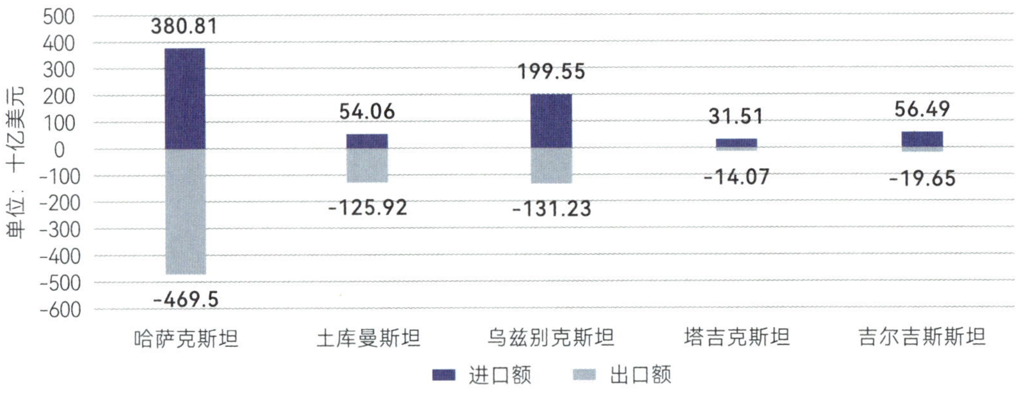

数据来源：世界银行

从中亚五国的贸易情况来看，俄罗斯和中国是中亚地区最大的贸易合作伙伴。俄罗斯是哈萨克斯坦、塔吉克斯坦和吉尔吉斯斯坦的最大贸易伙伴；中国是土库曼斯坦和乌兹别克斯坦的最大贸易伙伴。此外，中亚各国利用在亚欧大陆腹地的地理位置优势，与西亚及欧洲国家均有较大规模的贸易往来。

表 1-4 中亚五国主要贸易伙伴

	哈萨克斯坦		土库曼斯坦		乌兹别克斯坦		塔吉克斯坦		吉尔吉斯斯坦	
	国家	占比	国家	占比	国家	占比	国家	占比	国家	占比
1	俄罗斯	21.4%	中国	49.8%	中国	17.7%	俄罗斯	21.4%	俄罗斯	27.6%
2	中国	18.1%	土耳其	11.6%	俄罗斯	15.5%	哈萨克	20%	英国	17.6%
3	意大利	8.9%	俄罗斯	9.9%	哈萨克	8.3%	瑞士	15.3%	哈萨克	14.1%
4	韩国	6.9%	伊朗	——	韩国	5.9%	中国	10.4%	中国	13.8%
5	荷兰	4.0%	阿联酋	——	土耳其	5.8%	乌兹别克	7.3%	乌兹别克	6%

数据来源：商务部

商品结构方面,中亚五国出口产品结构都较为单一,主要以能矿产品为主,包括黄金、矿石、金属制品等;主要进口产品种类较多,包括机械设备、化工产品等。考虑到目前中亚国家对能矿产业的依赖程度仍然较高,上述进出口结构短期内不会发生较大改变。

1.4
中国 – 中亚合作情况

1992 年 1 月 2 日 -6 日,中国先后与乌兹别克斯坦、哈萨克斯坦、塔吉克斯坦、吉尔吉斯斯坦和土库曼斯坦建交,成为第一批承认中亚五国独立并与之建交的国家之一。2022 年是中国同中亚五国建交 30 周年,中国与中亚五国以视频方式举行元首级会晤,宣告中国同中亚关系进入新时代。在 30 年的共同努力下,中国同中亚国家的关系达到历史最高水平,建立并深化战略伙伴关系。

多边合作机制

上海合作组织。上海合作组织是中国、俄罗斯、哈萨克斯坦、吉尔吉斯斯坦、塔吉克斯坦和乌兹别克斯坦六国于 2001 年 6 月 15 日在上海宣布成立的政府间国际组织。土库曼斯坦尽管不是上合成员国,但是始终与上合组织保持密切联系,定期受邀参加上合组织元首理事会。

上合组织成员国元首理事会是上合组织最高机构,每年举行一次例会,就组织内所有重大问题作出决定和指示。2001 年 6 月 15 日,上合组织成员国元首理事会首次会议在中国上海举行,迄今已举办 22 次。2022 年 9 月 15 日 -16 日,上海合作组织成员国元首理事会第二十二次会议在乌兹别克斯坦撒马尔罕举行。与会各国领导人就上海合作组织发展及涉及地区政治经济形势的重大国际和地区问题交换意见,签署并发表《上海合作组织成员国元首理事会撒马尔罕宣言》。

亚洲相互协作与信任措施会议。亚洲相互协作与信任措施会议(以下简称"亚信")是就亚洲地区安全问题进行对话与磋商的论坛,主要宗旨和目标是通过制定和落实多边信任措施,促进亚洲和平、安全与稳定。亚信目前有 27 个成员国,其中中国、哈萨克斯坦、吉尔吉斯斯坦、塔吉克斯坦和乌兹别克斯坦为创始成员国,土库曼斯坦为观察员国。

亚信建立了国家元首和政府首脑会议（峰会）、外长会议、高官委员会会议、特别工作组会议等议事和决策机制。峰会和外长会议均为每 4 年举行 1 次，两会交错举行，间隔 2 年，自 1999 年以来举办了五次峰会和五次外长会议。我国自 2014-2018 年期间担任亚信主席国，2018 年起由塔吉克斯坦接任主席国。

双边合作机制

中国 - 哈萨克斯坦。 2004 年 5 月，中哈合作委员会于哈萨克斯坦总统纳扎尔巴耶夫访华期间正式成立，主席级别为副总理级，下设经贸、交通、科技、能源等 9 个分委会，负责协调两国各领域的合作。中哈合作委员会会议迄今已召开 10 次，第十次会议于 2021 年 11 月召开。中哈能源合作分委会迄今已召开 11 次，第十一次会议于 2021 年 2 月召开。

中国 - 塔吉克斯坦。 中塔经贸合作机制主要为中塔政府间经贸合作委员会，负责推动两国在经贸领域开展务实合作，成立于 2001 年 4 月，为部级机制，迄今已召开过 11 次会议。

中国 - 吉尔吉斯斯坦。 中吉经贸合作主要机制为中吉政府间经贸合作委员会，迄今已召开过 14 次会议。

中国 - 土库曼斯坦。 2008 年 8 月 29 日，中土双方在阿什哈巴德签订了《关于成立中土政府间合作委员会的协定》。根据该协定，政府间合作委员会主席级别为副总理级，下设经贸、能源、人文、安全四个分委会。截至目前，中土合作委员会共举行 5 次会议，第五次会议于 2021 年 11 月召开。能源合作分委会迄今共举行了 7 次会议，第七次会议于 2021 年 11 月召开。

中国 - 乌兹别克斯坦。 2011 年 10 月，中国 - 乌兹别克斯坦政府间合作委员会正式成立，主席级别为副总理级，下设经贸、能源、交通、科技等分委会，迄今已召开 6 次会议。中乌政府间合作委员会能源合作分委会第一次会议于 2012 年 11 月召开，迄今已召开 6 次会议。

经贸合作关系密切，保持稳定发展

近五年来，中亚国家与中国保持了较好的双边经贸关系，中国 - 中亚地区贸易总额保持稳定增长，能源、矿石、原材料、机电设备、化工产品贸易长期保持稳定。与此同时，双方致力于优化贸易结构，服务业、农业产品的交易额逐年上升。2020 年，受疫情影响，双方贸易额出现负增长，2021 年出现显著回升，总体增幅达到 12.25%，与吉尔吉斯斯坦、塔吉克斯坦两国的贸易往来增长尤甚。

图 1-6 2016-2021 年中国 - 中亚五国双边贸易情况

数据来源：商务部、外交部

中国对中亚五国投资快速增长

近年来，中国已成为吉尔吉斯斯坦和塔吉克斯坦第一大投资来源国、乌兹别克斯坦第二大投资来源国、哈萨克斯坦第四大投资来源国。2021 年，中国对中亚五国的直接投资存量达到 137.48 亿美元，同比增长 7.44%，直接投资流量达到 14.88 亿美元。中国对中亚投资的稳步增长主要依托中资在中亚开设的独资企业及合资企业，截至 2021 年底，在中亚运营的中资企业累计达到 7700 家。

图 1-7 2016-2021 年中国对中亚五国直接投资存量

数据来源：商务部

二 能源电力行业发展情况

2.1
能源资源

2.1.1 化石能源

石油储量较少，主要分布在哈萨克斯坦

中亚地区石油储量 41.2 亿吨，约占全球石油储量总额的 1.7%。哈萨克斯坦的石油储量约占中亚地区石油总量的 94.7%。哈萨克斯坦是中亚最大的石油生产国，80% 的石油出口到其他国家。

图 2-1 中亚国家石油储量

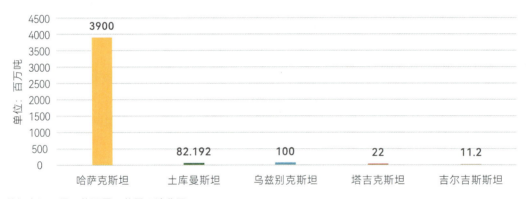

数据来源：国际能源署、英国石油公司

天然气储量丰富，占全球储量比重高

中亚地区天然气储量较为丰富，天然气储量 18.2 万亿立方米，约占全球天然气储量总额的 9.7%，主要集中在土库曼斯坦和哈萨克斯坦。其中，土库曼斯坦天然气储量最为丰富，约占中亚地区天然气储量的 74.7%，土库曼斯坦拥有数十座世界大型气田。哈萨克斯坦天然气储量占中亚天然气储量的 20.9%，81% 的天然气生产来自于卡沙甘、卡拉恰甘纳克和田吉兹三个天然气项目。

图 2-2 中亚国家天然气储量

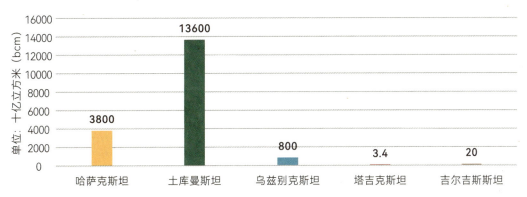

数据来源：国际能源署、英国石油公司

煤炭资源较为丰富，储量分布不均

中亚地区煤炭资源储量 363.2 亿吨，约占全球煤炭总储量的 3.4%。中亚五国虽均有煤炭资源，但各国储量差异较大，主要分布在哈萨克斯坦，约占中亚地区煤炭总量的 70% 以上。吉尔吉斯坦的煤炭储量占中亚地区的 15.7%，但开发水平很低，仅为 0.1%。

图 2-3 中亚国家煤炭储量

数据来源：国际能源署、英国石油公司

2.1.2 可再生能源

水能资源禀赋较好

中亚地区地势高、山脉多，因此河流多、水能资源丰富，水电技术可开发量总计 96.6 吉瓦，主要分布在塔吉克斯坦、吉尔吉斯斯坦和哈萨克斯坦。其中，塔吉克斯坦水能资源最为丰富，水电技术可开发量约 55.15 吉瓦，占中亚水电技术可开发容量的 50% 以上，位居世界第八位。吉尔吉斯斯坦和哈萨克斯坦水电技术可开发量为 18 吉瓦和 15.5 吉瓦，占中亚水电技术可开发量的比例分别为 19% 和 16%。

图 2-4 中亚国家水电技术可开发量

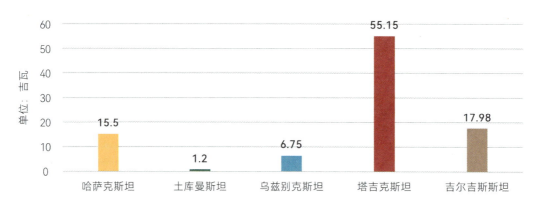

数据来源：国际可再生能源署、各国能源部

风能资源国别差异较大

中亚地区风电技术可开发量约 8.5 太瓦，主要分布在哈萨克斯坦，其风电技术可开发量为 8.1 太瓦，占中亚地区的 95.3%，但目前风能资源开发利用程度很低，风电装机仅约 1.2 吉瓦。

图 2-5 中亚国家风能开发潜力

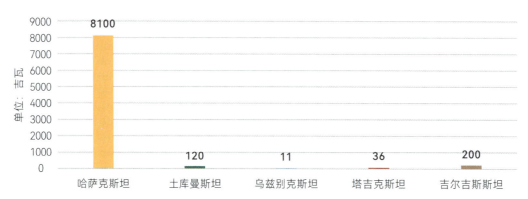

数据来源：国际可再生能源署、各国能源部

太阳能资源丰富，开发潜力巨大

中亚地区太阳辐射强，荒漠地带多，太阳能资源丰富，光伏技术可开发量约 86.8 太瓦，主要分布在哈萨克斯坦、土库曼斯坦和乌兹别克斯坦。其中哈萨克斯坦光伏技术可开发量最大，约占中亚的 62%；土库曼斯坦和乌兹别克斯坦的光伏技术分别占中亚的 15% 和 13%。

图 2-6 中亚国家光伏技术可开发量

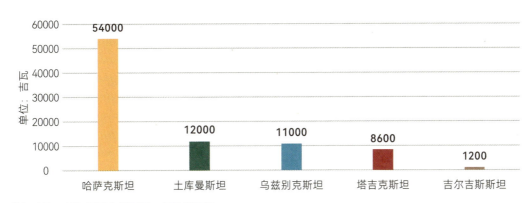

数据来源：国际可再生能源署、各国能源部

2.2
能源生产

中亚地区能源生产总量增长较慢，波动性明显

2010-2021 年，中亚地区能源生产总量总体呈上升趋势，但年均增速仅为 1%，受大宗商品价格影响，能源生产总量存在较大波动性。2020 年，受新冠疫情影响和全球油气价格下降的影响，中亚地区能源生产总量明显下降，降幅达到 6.93%。2021 年，随着中亚各国陆续从疫情中恢复，以及全球油气价格的逐步回升，中亚地区能源生产总量为 2.5 亿吨标油，同比增加 4%。

图 2-7 2010-2021 年中亚地区能源生产总量及增速

数据来源：国际能源署、商务部国别指南

哈萨克斯坦是中亚地区的能源生产大国

分国别来看，2021 年哈萨克斯坦能源生产总量为 1.6 亿吨标油，占中亚地区总量的 50% 以上，是中亚地区的能源生产大国。乌兹别克斯坦和土库曼斯坦作为资源国，能源生产总量也保持着较高的水平。受能源资源禀赋限制，塔吉克斯坦、吉尔吉斯斯坦的能源生产总量较低。

图 2-8 2021 年中亚各国能源生产总量

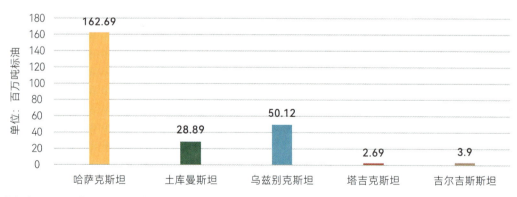

数据来源：国际能源署、商务部国别指南

中亚地区能源生产结构基本保持稳定

2015-2021 年，中亚地区的能源生产结构总体稳定，可再生能源生产占比有所增长，涨幅约为 2 个百分点；石油生产占比有所减小，约下降 2 个百分点。从总体上看，化石能源仍是中亚地区的能源生产的核心，占比超过 90%。

图 2-9 2015-2021 年中亚地区能源生产结构

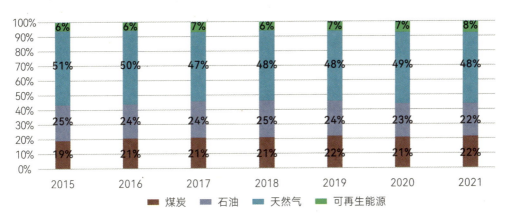

数据来源：国际能源署、英国石油公司

中亚各国能源自给率水平相差较大

从中亚各国 2010-2021 年能源自给率水平看，土库曼斯坦和哈萨克斯坦完全实现了能源自给，能源自给率超过 200%；乌兹别克斯坦基本实现自给自足；塔吉克斯坦、吉尔吉斯斯坦能源自给率较低，能源安全保障水平有待提高。

图 2-10 2010-2021 年中亚各国能源自给率

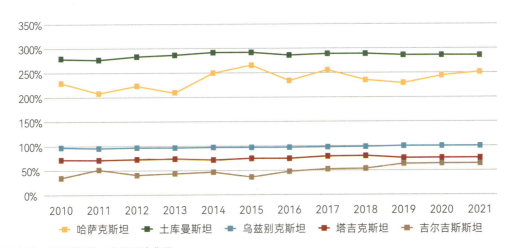

数据来源：国际能源署、英国石油公司

2.3
能源消费

中亚地区能源消费呈现出平稳增长态势

    2010-2021 年，中亚各国持续出台了优化营商环境、减免企业税负、提供优惠贷款、吸引外资等经济刺激计划，中亚地区经济增长势头强劲，并带动能源消费总量以年均 2.3% 的幅度增长。2020 年，受到全球新冠疫情爆发的影响，中亚地区经济明显衰退，能源消费总量也随之出现明显下降，同比下降 4.2%。2021 年，中亚能源消费总量有所回升，达到 1.64 亿吨标油，是近五年的最高值。

图 2-11 2010-2021 年中亚地区能源消费总量及增速

数据来源：国际能源署、英国石油公司

各国人均能源消费量差别较大

    2021 年，中亚地区人均能源消费量为 2.52 吨标油 / 人，高于全球人均能源消费水平（1.45 吨标油 / 人）。由于中亚各国经济发展水平、产业结构和能源资源禀赋的不同，人均能源消费量存在一定差异，其中土库曼斯坦人均能源消费量最高，超过 6 吨标油 / 人；哈萨克斯坦排名第二，为 3.59 吨标油 / 人；乌兹别克斯坦、塔吉克斯坦和吉尔吉斯斯坦人均能源消费量相对较低，均不足 2 吨标油 / 人。

图 2-12 2021 年中亚国家人均能源消费量

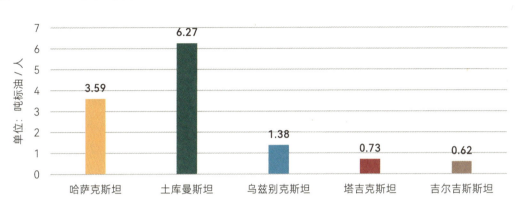

数据来源：国际能源署、英国石油公司

能源消费仍以化石能源为主，可再生能源增长较为缓慢

2015-2021 年，中亚地区的能源消费结构较为稳定，能源消费的主体仍是化石燃料，占比接近 80%。2018 年以来，随着中亚各国逐步推动建设风电、光伏等项目，可再生能源消费占比呈现缓慢上升趋势。

图 2-13 2015-2021 年中亚地区能源消费品种结构

数据来源：国际能源署、英国石油公司

居民是能源消费的主要领域

近年来，居民领域一直是能源消费的主要领域。2021 年，中亚地区终端能源消费总量为 1.2 亿吨标油，同比增长 5.4%。分领域来看，居民终端能源消费 34.6 百万吨标油，占比为 30.2%；工业领域终端能源消费为 23.92 百万吨标油，占比为 20.9%；交通领域终端能源消费为 21.5 百万吨标油，占比为 18.8%。

图 2-14 2015-2021 年中亚地区终端能源消费结构

数据来源：国际能源署、英国石油公司

碳排放量呈上升趋势，人均碳排放量较高

2021 年，中亚地区二氧化碳排放量超过 50 亿吨，约占全球二氧化碳排放总量的 14%。自 2016 年以来，中亚地区 70% 以上的能源需求增长来自煤炭、石油、天然气等领域，在化石能源消费量增长的驱动下，二氧化碳排放量持续增长。2015-2019 年，二氧化碳排放量年均增速约为 1%。分国别来看，哈萨克斯坦二氧化碳排放量占比较高，占区域排放总量的 55% 以上；塔吉克斯坦增长较快，年均增速约为 10%。

图 2-15 2016-2021 年中亚国家二氧化碳排放量

数据来源：Our World in Data

2021 年,中亚地区人均二氧化碳排放量为 6.71 吨 / 人,约是全球人均二氧化碳排放量(4.69 吨 / 人) 的 1.5 倍。其中,哈萨克斯坦人均二氧化碳排放量最高,达到 14.41 吨 / 人 ;其次是土库曼斯坦,达到 13.09 吨 / 人,其余国家人均二氧化碳排放量均在 4 吨 / 人以下,这与中亚各国人口数量、经济发展水平和产业结构等因素密切相关。

图 2-16 2021 年中亚国家人均二氧化碳排放量

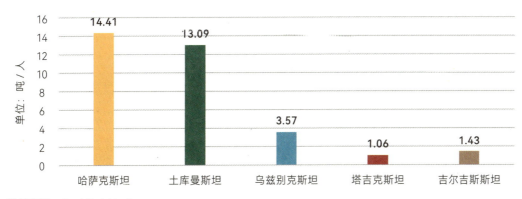

数据来源：Our World in Data

2.4
电力供应

中亚国家发电装机容量稳步增长

2021 年，中亚五国发电装机总量约为 59.02 吉瓦，较 2019 年增长 3.59%。自 2010 年以来,中亚五国装机总量年均增速为 2.67%。其中,年均增速最高的国家为土库曼斯坦 (4.21%),年均增速最低的国家为吉尔吉斯斯坦 (0.47%)。

图 2-17 中亚五国发电装机总量及增速

数据来源：国际能源署、各国能源部门

火电是中亚国家的主力电源

火电是中亚五国发电装机结构的主力，2021 年占比达到 72.74%；其次为水电，占比约为 22.76%；新能源占比较低，仅为 4.5%。哈萨克斯坦、土库曼斯坦、乌兹别克斯坦发电主体为火电，塔吉克斯坦、吉尔吉斯斯坦则主要依赖水电，仅哈萨克斯坦拥有一定规模的新能源装机。

图 **2-18** 2021 年中亚五国发电装机结构

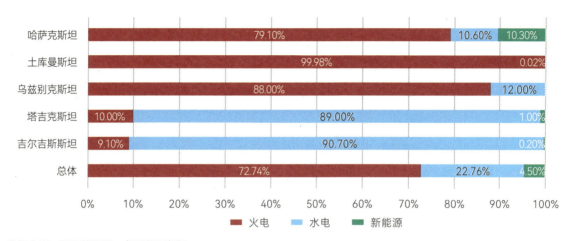

数据来源：国际能源署、各国能源部门

2.5
电力消费

电力消费增速略高于全球平均水平

2021 年，中亚五国电力消费总量为 215.7 太瓦时，同比增长 3.5%。自 2010 年以来，中亚地区电力消费基本维持稳定增长，累计增幅 31.1%，2010-2020 年平均增速 2.7%，略高于全球平均增速（2.5%）。

图 **2-19** 中亚五国电力消费总量及增速

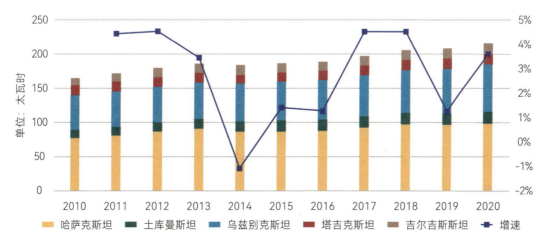

数据来源：国际能源署、Enerdata、各国能源部门

2.6
电力输送及区域电网互联

中亚地区已建立统一的电力输送网络，但基础设施老化严重

中亚五国在苏联时期已建立起统一的电力输送网络，即如今的中亚电力系统（CAPS）的前身。中亚五国输电线路电压等级以 500kV、220kV 和 110kV 为主，哈萨克斯坦采用 1150kV 特高压（苏联解体后降压为 500kV 运行）和 330kV 的电压等级。各地区输电线路总长度接近 7.5 万公里。

表 2-1 中亚五国输电线路情况

电压等级 （kV）	哈萨克斯坦 （km）	土库曼斯坦 （km）	乌兹别克斯坦 （km）	塔吉克斯坦 （km）	吉尔吉斯斯坦 （km）
1150	1421	/	/	/	/
500	8288	1060	1850	489	946
330	1863	/	/	/	/
220	14899	2000	6200	1960	2019
110	/	7600	15300	4327	4613

数据来源：国际能源署、各国能源部门

由于中亚国家电力供应长期依赖 CAPS，而 CAPS 相关输电基础设施多建于苏联时期，线损率和故障率较高，一旦电力输出国或 CAPS 自身线路出现问题，会对整个区域的电力供应安全造成打击。2021 年 1 月，乌兹别克斯坦与哈萨克斯坦、吉尔吉斯斯坦 CAPS 出现输电线路故障，导致乌兹别克斯坦、哈萨克斯坦、吉尔吉斯斯坦部分地区发生严重停电。2021 年 10 月，哈萨克斯坦埃基巴斯图兹 1 号电站、2 号电站和阿克苏电站同时出现电力故障，由于哈萨克斯坦南部地区电力长期依赖中亚统一电力系统，难以在短时间扩大向该地区的电力输送，导致多个地区出现电力短缺现象。

图 2-20 中亚五国互联电网情况

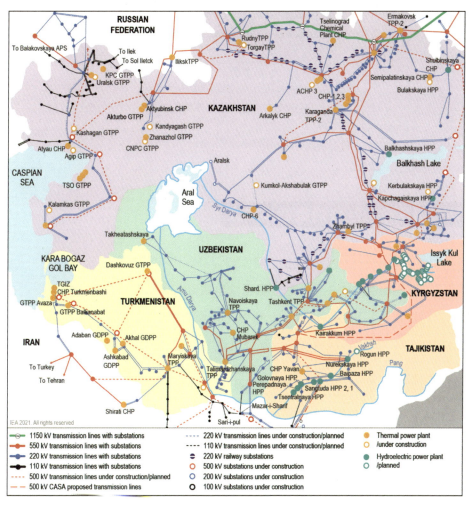

数据来源：国际能源署

电力合作逐步恢复，区域内部电力互联程度较高

　　自苏联解体后，中亚地区电网互联有所削弱。2003 年 5 月，土库曼斯坦因政治原因断开了与乌兹别克斯坦相连的 500kV 和 220kV 线路。近年来，中亚地区电力合作逐步恢复，哈萨克斯坦、吉尔吉斯斯坦、乌兹别克斯坦和塔吉克斯坦四国电力系统经由 500kV 和 220kV 高压输电线路相连组成 CAPS，一定程度上缓解了该地区旱季电力短缺风险。

　　2021 年，中亚五国电力进口规模约 17 太瓦时，电力出口规模共约 14.2 太瓦时。哈萨克斯坦和土库曼斯坦是电力净出口国，乌兹别克斯坦、塔吉克斯坦、吉尔吉斯斯坦是电力净进口国。

表 **2-2** 中亚五国内部电力进出口情况（单位：吉瓦时）

吉瓦时	哈萨克斯坦	土库曼斯坦	乌兹别克斯坦	塔吉克斯坦	吉尔吉斯斯坦
进口	305	0	6200	883.3	1683.6
出口	1325	9000	0	3300	546.2
净出口	1020	9000	-6200	2416.7	-1137.4
总规模	1630	9000	6200	4183.3	2229.8

数据来源：国际能源署、各国能源部门

与区域外国家电力互联规模逐步加大

除了聚焦中亚国家内部电力互联的 CAPS 项目外，中亚国家同时维持着与周边国家的电力输送渠道，具有代表性的为中亚—南亚高压输电项目 CASA-1000，该项目连接塔吉克斯坦、吉尔吉斯斯坦、阿富汗和巴基斯坦 4 国，旨在促进塔吉克斯坦、吉尔吉斯斯坦两国富余水电消纳，将两国约 1.3 吉瓦电力过境阿富汗输往巴基斯坦。

图 **2-21** 2021 年中亚五国及阿富汗跨境电力输送情况

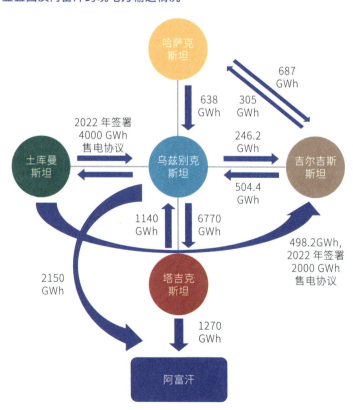

数据来源：国际能源署、各国能源部门

三 能源电力发展展望

近年来，中亚地区经济形势整体向好、产业多元化成效初显，扩大能源需求成为区域保持经济高速增长、提高工业化水平的重要驱动力，未来中亚地区能源需求将稳步提升。综合考虑区域经济发展形式、人口增长趋势、政策体系完善程度、技术发展水平、能源低碳转型发展目标等主要因素，本报告面向 2040 年预测中亚地区能源、电力需求和结构，设计了三种场景，分别为延续场景、转型场景、能效场景。其中，延续场景是以当前政策措施基本保持不变、技术创新稳步推进为基础，预测未来能源发展形势；转型场景是以实现联合国可持续发展以及巴黎协定目标为基础，能源转型政策得以较好实施、技术创新步伐加快，预测未来能源发展形势；能效场景是以尽快实现联合国可持续发展目标以及巴黎协定为目标，严控能源消费总量，大幅调整各国能源政策且大量的创新技术得到规模化应用，预测未来能源发展形势。

3.1
能源发展展望

中亚地区能源需求将呈现低速增长态势

基于中亚地区目前的能源消费水平现状以及未来经济转型和产业发展等趋势，未来区域能源消费需求将呈现低速增长态势，未来十年年均增长率预计在 1%~1.6% 之间。在延续场景下，中亚地区 2030 年能源需求总量将达到 1.84 亿吨标油，较 2020 年增长 17.8%，2021-2030 年年均增速 1.6%；在转型场景下，中亚地区 2030 年能源需求总量将达到 1.80 亿吨标油，较 2020 年增长 15.5%，2021-2030 年年均增速 1.4%；在能效场景下，中亚地区 2030 年能源需求总量将达到 1.74 亿吨标油，较 2020 年增长 11.6%，2021-2030 年年均增速 1.1%。

图 3-1 2010–2040 年中亚地区能源需求

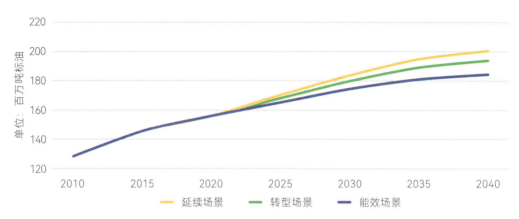

数据来源：本报告研究

消费结构总体稳定，绿色低碳消费逐步推进

　　从能源消费结构来看，未来 20 年，中亚地区将继续保持化石能源为主的消费结构，但绿色低碳消费将逐步推进。在转型场景下，2020 年后区域化石能源消费比重将持续降低，预计到 2040 年化石能源需求将下降近 10 个百分点。其中，天然气将继续作为 2022-2040 年区域主要化石能源消费品种，保持 36%-39% 的需求份额；石油消费占比将随交通电气化程度的提升逐步缩减，2030 年下降至 18%，2040 年下降至 16%；煤炭消费比重将先增后降，2025年提升至 20%，2040 年回落至 15%。区域可再生能源需求未来将快速提升，2040 年占比将超过 30%。此外，中亚部分国家近年来提出了依托可再生能源发展氢能的意向，中亚氢能产业蓄势待发，氢能有望成为未来区域能源转型的助推器。

图 3-2 2010-2040 年中亚地区能源消费结构

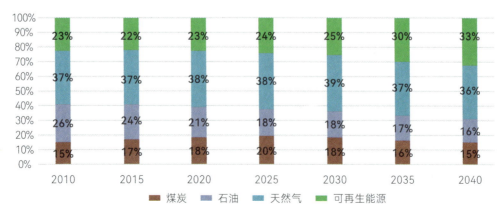

数据来源：国际能源署、英国石油公司、本报告研究

3.2
电力发展展望

中亚地区电力需求将维持中速增长

后疫情时代，随着经济的逐步复苏，工业化水平的加强，终端能源电气化率的持续提升，中亚地区电力需求将呈现中速增长态势。在延续场景下，2030 年中亚国家用电量将接近2900 亿千瓦时，较 2022 年增加 34%；2030 年电力装机总量将接近 8600 万千瓦，较 2022 年增加 45%；在转型场景下，2030 年中亚国家用电量将超过 2800 亿千瓦时，较 2022 年增加 29%；2030 年电力装机总量将达到 8100 万千瓦，较 2022 年增加 38%；在能效场景下，2030 年中亚国家用电量将接近 2600 亿千瓦时，较 2022 年增加 19%；2030 年电力装机总量将接近 7500 万千瓦，较 2022 年增加 26%。

图 3-3 2010-2040 年中亚地区电力需求

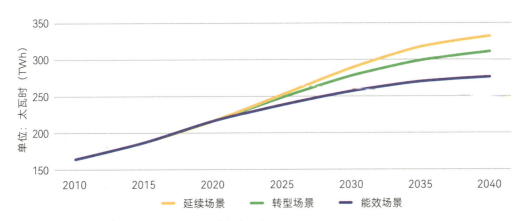

数据来源：国际能源署、各国能源电力规划、本报告研究

图 3-4 2010-2040 年中亚地区电力装机总量

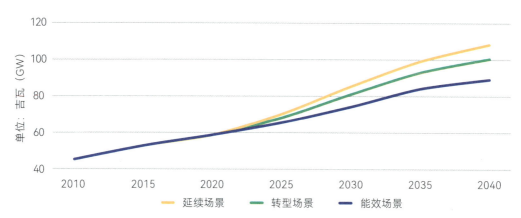

数据来源：国际能源署、国际可再生能源署、本报告研究

非水可再生能源电力装机规模将大幅提升

随着碳中和进程的推进，中亚地区电源装机结构将向清洁低碳化转型，非水可再生能源电力装机规模将大幅提升。转型场景下，气电将继续作为主要支柱电源之一，煤电占比将逐渐下降。以风电和光伏为主的非水可再生能源电力装机将在未来 20 年内快速增长，2021-2040 年新增装机预计将分别达到 1500 万千瓦和 1300 万千瓦，2040 年非水可再生能源电力装机份额预计将达到 33%。2030 年后，生物质和核电装机将实现零的突破。

图 3-5 转型场景下 2020-2040 年中亚地区电源装机结构

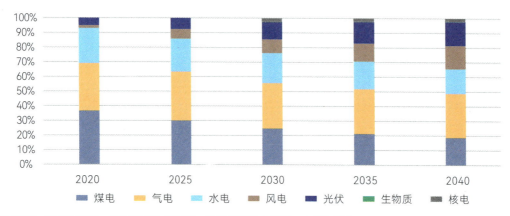

数据来源：国际能源署、国际可再生能源署、各国能源电力规划、本报告研究

中国-中亚能源合作行动建议

在双边合作机制下，建立清洁能源联合工作组，做好清洁能源合作的顶层设计和规划；鼓励企业和智库机构搭建清洁能源合作平台，推进全方位、多层次的交流合作。

进一步深化清洁能源全产业链合作，探索清洁能源产业合作和投资合作相结合的模式，助力中亚国家搭建具有竞争力的清洁能源产业链。

加强能源技术创新合作和成果转化，推动能源创新技术的转化和应用，实施技术创新合作示范项目，推动形成普惠共享、互利共赢的合作新格局。

加强能力建设和技术交流，围绕清洁能源合作议题开展经验交流和互学互鉴，助力中亚国家增强绿色能源领域人才的全方位储备，为中亚清洁能源快速发展提供人才支撑。

02

乌兹别克斯坦
能源合作
Uzbekistan Energy Cooperation

　　乌兹别克斯坦地处欧亚大陆东西方和南北方交通要冲，是我国重要的天然气供应国，也是中亚地区重要的天然气过境国。乌兹别克斯坦能源资源丰富，风、光资源禀赋好，但尚未得到有效开发，现已成为政府能源规划的重点。中乌两国在充分挖掘天然气合作的基础上，开展可再生能源领域和能源基础设施合作的潜力也十分巨大。

一 能源行业基本情况

1.1

能源资源

化石能源储量基本可满足自身需要

乌兹别克斯坦煤炭探明的煤炭储量约 13.75 亿吨，储产比为 333[1]。目前煤炭开采主要集中在 3 个煤田：安集延州（Angren）的褐煤煤田，苏尔汉河州的沙尔古尼（Shargun）硬煤煤田和拜孙（Boysun）硬煤煤田。

乌兹别克斯坦油气资源较为丰富，天然气探明储量约为 0.8 万亿立方米，储采比为 18；石油探明储量约 1 亿吨，储采比为 34.7。已探明的油气田主要位于卡什卡达里亚州、布哈拉州和费尔干纳州，约 75% 的石油储量集中分布在卡什卡达里亚州，共计约 280 个油气矿床。

风光能源禀赋好，但尚未得到有效开发

得益于自身气候条件和地理条件，乌兹别克斯坦国内可再生能源禀赋较好。多个国际组织和研究机构对乌兹别克斯坦可再生能源开发潜力开展了评估研究，其中乌兹别克斯坦国内太阳能资源最为丰富，约超过 170 万吨标准油。水能资源禀赋较为一般，相比塔吉克斯坦和吉尔吉斯斯坦等邻国，乌兹别克斯坦境内并无大型河流，水能开发以小型水电站为主。

目前，乌兹别克斯坦的太阳能和风能发展刚刚起步，尚未有投运的规模化太阳能光伏电站和风电场。得益于其较大的可再生能源发展潜力，未来乌兹别克斯坦有望成为中亚地区重要的可再生能源发展国。

表 1-1 乌兹别克斯坦可再生能源潜力（单位：百万吨标准油）[2]

	太阳能	风能	水能	地热能	生物质
联合国发展署（2007）	176.8	0.4	1.8	-	-
国际太阳能机构（2019）	265.1	0.64	0.39	-	2.92
科学研究中心（2020）	177.0	0.4	2.0	0.3	-

[1] BP 世界能源统计年鉴 2021。
[2] 能源宪章《In-Depth Review of the Energy Efficiency Policy of the Republic of Uzbekistan》.

1.2
能源供应

能源生产以天然气为主，近些年产量波动较大

2020 年，乌兹别克斯坦能源供应总量为 4509.94 万吨标准油，其中本国生产量约为 4481.34 万吨标准油，进口量约为 321.87 万吨标准油。在本国能源生产中，天然气产量达到 4041.87 万吨标准油，占比达到 90%。煤炭为 118.32 万吨标准油，石油产量为 278.15 万吨标准油[1]。汽油、柴油、燃料油、液化石油气等均为进口。

近十年天然气产量呈现较大波动，和本国能源消费的变化相关性较大。2010-2014 年，天然气产量呈现逐年下降态势，2015-2019 年开始逐步回升。2020 年，受新冠疫情影响，乌兹别克斯坦国内以及部分进口国对天然气需求大幅下降，导致天然气产量下降了约 18%。2021 年，全球经济逐步回暖，天然气产量再度回升，较上年增长 7.7%。

图 1-1 乌兹别克斯坦能源生产结构（单位：万吨标准油）

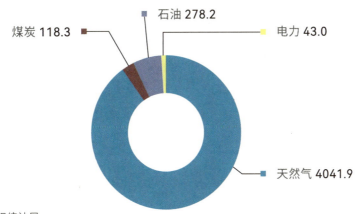

煤炭 118.3
石油 278.2
电力 43.0
天然气 4041.9

数据来源：乌兹别克斯坦统计局

计划逐步削减天然气出口

乌兹别克斯坦长期以来都是天然气净出口国，2010-2019 年年均出口约 100 亿立方米天然气至俄罗斯、哈萨克斯坦和中国，出口量约为国内产量的五分之一。但受天然气产量不稳定、国内需求逐年增加的影响，乌兹别克斯坦有计划开始减少天然气出口。政府曾提出在 2025 年停止天然气出口，将国内天然气用于附加值更高的石油化工行业[2]。

[1] 乌兹别克斯坦统计局数据。
[2] KUN(2020), Uzbekistan plans to cease export of natural gas by 2025,
https://kun.uz/en/news/2020/01/18/uzbekistan-plans-to-cease-export-of-natural-gas-by-2025.

图 1-2 乌兹别克斯坦天然气生产与消费情况

数据来源：乌兹别克斯坦统计局、国际能源署

煤炭进口大幅上涨

虽然乌兹别克斯坦煤炭消费总量较低，但相比 2010 年已经上涨了一倍，国内煤炭产量不足以满足煤炭需求。2018-2019 年，乌兹别克斯坦政府提出了制砖产业和温室供暖领域的"气转煤"政策，将置换出来的天然气用于附加值更高的出口或石油化工行业。到 2020 年，乌兹别克斯坦约 37% 的煤炭需求依赖进口，主要来源于哈萨克斯坦。

图 1-3 乌兹别克斯坦煤炭进口情况

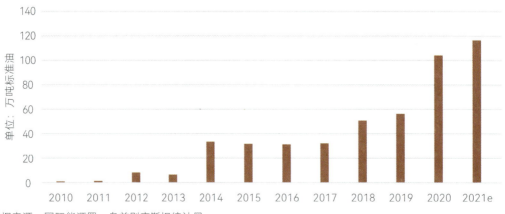

数据来源：国际能源署、乌兹别克斯坦统计局

1.3
能源消费

能源消费总量波动变化

过去的十年内，乌兹别克斯坦能源消费总量持续波动。2014-2016 年，乌兹别克斯坦能源消费总量逐年下降。2017-2019 年，能源消费总量则相对平稳。2020 年，受新冠疫情影响，能源消费总量再次下降。2021 年，能源消费总量有所回升，达到 4700 万吨标准油，是近五年的最高值。

2020 年，乌兹别克斯坦人均能源消费总量为 1.3 吨标准油，高于世界平均水平。

图 1-4 乌兹别克斯坦一次能源消费总量和增长速度

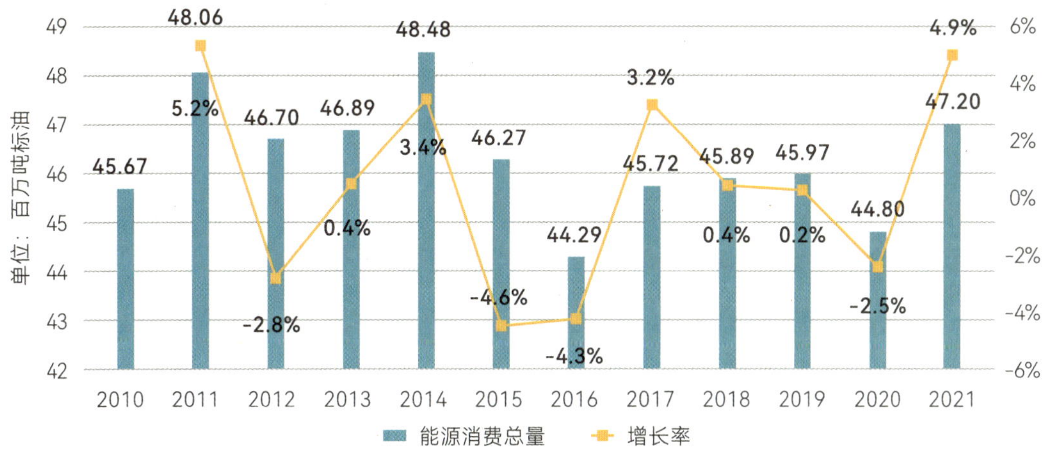

数据来源：BP

居民用能占比最高，交通用能占比呈增长趋势

分行业来看，2020 年，乌兹别克斯坦能源消费中居民消费占比最高，达到约 38%；工业用能占比为 22%，相比 2010 年下降了 26%；交通领域用能占比达到 18%，相比 2010 年增长 28%；服务业与农业等领域能源消费合计占比约 22%。

图 1-5 乌兹别克斯坦分行业能源消费情况

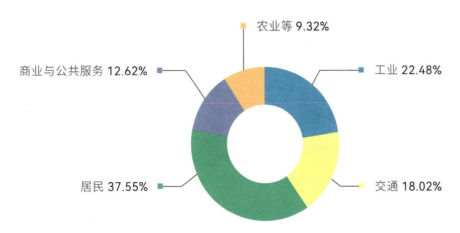

数据来源：乌兹别克斯坦统计局

分品种来看，化石燃料在乌兹别克斯坦能源消费中的占比达到 80%。天然气在各领域的使用占比都超过 50%，包括交通领域，因为乌兹别克斯坦交通工具大多使用压缩天然气作为动力燃料。

图 1-6 乌兹别克斯坦各行业分品种能源消费结构

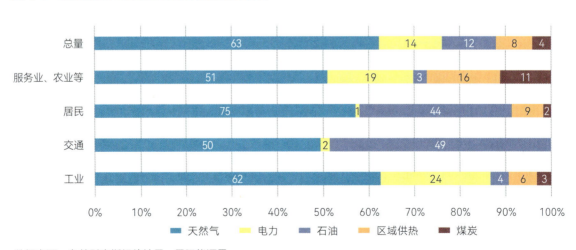

数据来源：乌兹别克斯坦统计局、国际能源署

二 电力行业基本情况

2.1
电力供应

电源结构以气电为主，电力供应逐年增加

　　乌兹别克斯坦以化石能源发电为主，结构近 10 年来没有明显变化。天然气发电占比达到 87.8%；水电占比约为 7.5%。风电与光伏的发电占比几乎为零。

图 2-1 乌兹别克斯坦发电结构

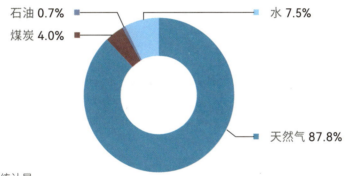

石油 0.7%
煤炭 4.0%
水 7.5%
天然气 87.8%

数据来源：乌兹别克斯坦统计局

　　2021 年，乌兹别克斯坦总发电量为 70.1 太瓦时。2011-2021 年，乌兹别克斯坦发电量呈平稳上升趋势，年均增速约为 3.27%。

图 2-2 乌兹别克斯坦 2011-2021 发电量和增长速度

数据来源：英国石油公司

发电设施较为陈旧，升级改造需求大

乌兹别克斯坦火电机组中，60% 的火电机组投运于 20 世纪 70 年代至 90 年代，约 27% 的高能效火电机组投运于 2012-2019 年，另有 13.7% 的火电机组在近年内进行了现代化改造。乌兹别克斯坦水电机组中，大型水电机组的建设时间均早于 1983 年。乌兹别克斯坦政府正大力推动各类发电站的现代化改造和新建，乌兹别克斯坦《2020-2030 年电力供应安全计划》提出要改造 6 座正在运营的火电站，改造后将新增 4.1 吉瓦装机容量。

表 2-1 乌兹别克斯坦在运发电站一览（截至 2021 年）

	电站名称	首次投运时间	装机容量（兆瓦）	装机占比
火力发电站（TPP）				
1	JSC Angren TPP	1957	393	2.6%
2	JSC Novo-Angren TPP	1985	2100	13.9%
3	Unitary enterprise Tashkent TPP	1963	2230	14.1%
4	JSC Navoi TPP	1964	2068	13.1%
5	JSC Takhiatash TPP	1967	910	5.7%
6	JSC Syrdarya TPP	1972	3165	20.0%
7	UE Talimarjan TPP	2004	1700	10.7%
8	UE Turakurgan TPP	2019	900	5.7%
火电总装机			**13466**	**85.0%**
热电联产电站				
1	JSC Tashkent 热电联产电站	1934	57	0.4%
2	JSC Fergana 热电联产电站	1956	312	2.0%
3	JSC Mubarek 热电联产电站	1985	60	0.4%
热电联产电站总装机			**429**	**2.7%**
水电站				
奇尔奇克梯级水电站：				
1	Tavaksay HPP (HPP-8)	1941	72	0.5%
2	Chirchik HPP (HPP-7)	1940	84	0.5%
3	HPP Ak-Kavak (HPP-10)	1943	35.1	0.2%
4	UE Farkhad HPP	1948	126	0.8%

表 2-1 乌兹别克斯坦发电站一览（截至 2021 年）

	电站名称	首次投运时间	装机容量（MW）	装机占比
	水电站			
	乌尔塔—奇尔奇克梯级水电站：			
5	Charvak HPP (HPP-6)	1970	666	4.2%
6	Khodzhikentskaya (HPP-27)	1975	165	1.0%
7	Gazalkent HPP (HPP-28)	1980	120	0.8%
8	Andijan HPP	1983	140	0.9%
9	Tuyamuyunskaya HPP	1983	150	0.9%
10	Tupolangskaya HPP	2006	30	0.2%
11	Andijan HPP-2	2010	50	0.3%
12	Hissarak HPP	2011	45	0.3%
	大水电站总装机 (>3 万千瓦）		**1683**	**10.6%**
	小、微型水电站总装机 (＜3 万千瓦）共 30 座	**1926-2019**	**256**	**1.6%**
	水电总装机		**1939**	**12.2%**
	总装机		**15834**	**100.0%**

数据来源：乌兹别克斯坦能源部、能源宪章

电力供应安全有待提高

　　乌兹别克斯坦电力供应主要依赖国内天然气，虽然天然气电站装机容量在逐年提高，但还无法满足国内电力需求，用电高峰时段往往需要投入全部的火电装机，因此限电情况时有发生。同时，乌兹别克斯坦电网基础设施多建设于苏联时期，技术和设备都相对落后，电力系统运营的可靠性和效率都较低，也进一步影响了电力的可靠供应。整体而言，乌兹别克斯坦仍受电力供应安全困扰，近年来多次发生停电事件。

表 2-2 乌兹别克斯坦大停电事件

2022 年 1 月 15 日，乌兹别克斯坦首都塔什干市和国内大部分地区因重大事故停电。包括塔什干市、努库斯市、卡尔希市、布哈拉市、撒马尔罕市、费尔干纳市、吉扎克市、阿尔马雷克市、纳曼干市等在内的乌兹别克斯坦国内主要城市均出现停电。停电导致乌兹别克斯坦全境所有机场和塔什干市地铁停摆，塔什干市和一些城市供热、供水暂停。除乌兹别克斯坦外，哈萨克斯坦阿拉木图市、塔拉兹、奇姆肯特、阿拉木图州和其他南部州，以及吉尔吉斯斯坦全境亦出现大规模停电。

根据中亚能源协调调度中心（CDC Energia）特别调查报告，此次事故是由于乌兹别克斯坦电力系统中断而引起的。1 月 22 日上午 11 时 59 分，连接锡尔河热电厂和 500kV 塔什干变电站的 500kV 高压架空线路的线路隔离开关发生短路，随后，一号、二号 500kV 母线系统的差动保护意外跳闸，导致锡尔河热电厂发电量显着减少，相邻电网多次停电，哈萨克斯坦 500kV 北 - 东 - 南输电系统负荷提高至 2.1 吉瓦，比额定负荷高出 7 倍。

停电发生后，哈萨克斯坦统一电力系统运营商（UPS）仅用了 4 个小时就恢复了供电，吉尔吉斯斯坦花费了 1 天，乌兹别克斯坦则用了 4 天才恢复供电。

数据来源：哈萨克斯坦国家电网公司

2.2
电力消费

电力消费维持中高水平增速

2010-2019 年，乌兹别克斯坦用电量持续增长，年均增速达到 3.3%。受新冠疫情影响，2020 年乌兹别克斯坦用电量首次出现下滑，年用电量 51.95 太瓦时。

图 2-3 乌兹别克斯坦 2010-2021 年用电量增长情况

数据来源：乌兹别克斯坦统计局

近十年来，乌兹别克斯坦人均用电量稳定上升。2020 年，乌兹别克斯坦人均年用电量约为 2 兆瓦时，较 2010 年增长 10% 以上，但仍然显著低于全球人均用电水平（约 3.5 兆瓦时）。

图 2-4 乌兹别克斯坦人均用电量

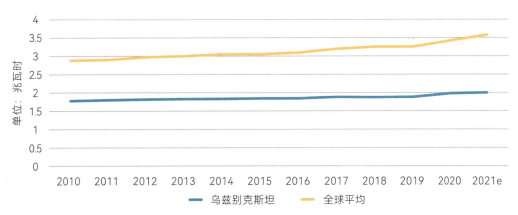

数据来源：乌兹别克斯坦统计局、国际能源署

工业用电占比最高，居民用电占比逐步提升

　　乌兹别克斯坦用电结构中，工业用电占比最高，2020年占电力总消费的35.2%。近些年，乌兹别克斯坦居民用电稳步提升，占比基本稳定在25%以上。交通领域的用电占比最少，2020年占比仅2%，在政府计划大力推广电动汽车的背景下，未来占比可能会提高。

图 2-5 乌兹别克斯坦 2013-2020 年分行业用电量增长情况

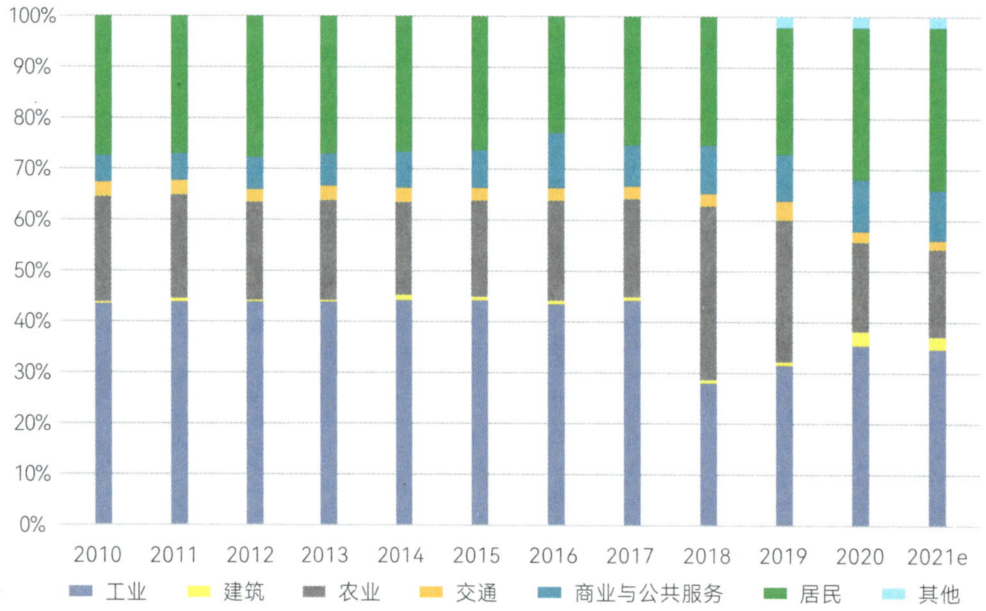

数据来源：乌兹别克斯坦统计局

电力消费主要集中在北部和东部地区

　　乌兹别克斯坦用电量分布与各地区的工业产值高度相关，主要集中在北部的工业重镇纳沃伊州，占比达到15%；和东部的塔什干州与首都塔什干市（直辖市），占比分别达到14%与10%。纳沃伊州周边矿产资源丰富，又地处中东、欧洲、亚洲交界的交通枢纽，近二十年来都是乌兹别克斯坦最重要的自由工业经济区。塔什干市与塔什干州合计制造业占比达到全国总量的38.2%，采矿和采石业务占比达到全国总量的57%。

图 2-6 乌兹别克斯坦各地区用电量

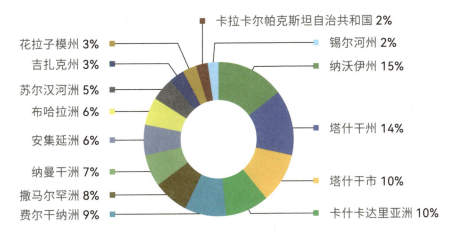

数据来源：乌兹别克斯坦统计局

电力消费存在夏冬双高峰

乌兹别克斯坦发电量与国内电力需求紧密相连。乌全年电力消费峰值主要出现在 12 月，受冬季气温影响，供暖推高用电需求，最大电力需求达到 7 太瓦时 / 月。随着夏季降温用电需求的提升，夏季用电峰值呈现逐年提高的态势，最大电力需求达到 6 太瓦时 / 月。

图 2-7 乌兹别克斯坦月度用电量情况

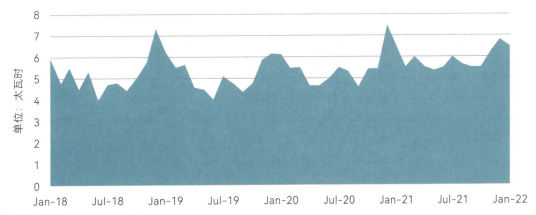

数据来源：乌兹别克斯坦统计局

2.3
电力输送

> **电力主要由塔什干输送至周边地区，电网结构较为薄弱**

　　乌兹别克斯坦电网采用 500kV/220kV/110kV 电压等级，分为东部、中部、南部、西北、西南部五大部分。乌电网总长度约 25.02 万公里，220-500kV 变电站 77 座，输电线路约 9700 公里；35kV-110kV 的变电站 1626 座，输电线路约 2.9 万公里；0.4kV-10kV 变电站约 7.5 万座，输电线路长度超过 22 万公里。主干网统一由乌兹别克斯坦国家电网公司管理，城市配网和 110kV 以下配电网由 14 家区域电网公司管理。

图 2-8 乌兹别克斯坦电网接线图

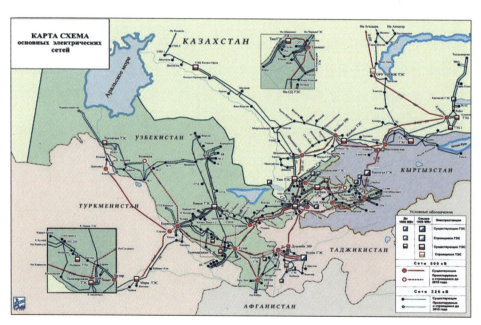

数据来源：乌兹别克斯坦国家电网公司

　　首都塔什干周边电力盈余，向东部的纳曼干、费尔干纳、安集延州，西部的纳沃伊、撒马尔罕、布哈拉等均有电力输送；西北部的卡拉卡尔帕尔斯坦共和国地区电力供需基本保持平衡。

图 2-9 乌兹别克斯坦电力流向 [1]

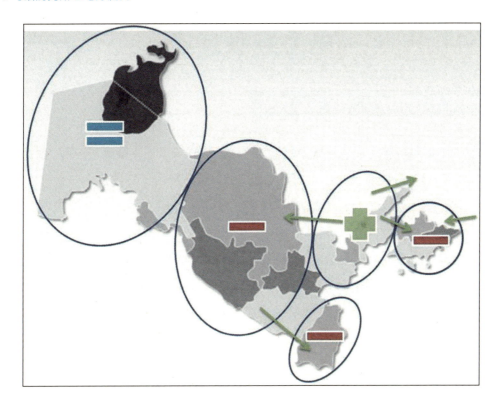

乌兹别克斯坦东部负荷中心已形成 500kV 单环网结构，通过两回 500kV 线路与中、南部电网相联，西、北部地区由 220kV 电网供电。乌兹别克斯坦电网骨干网架多为单回路、链式结构，供电可靠性差，特别是西、北部地区电网建设较为落后，电网整体结构较为薄弱。

电网设施老化严重，导致网损较高

乌兹别克斯坦骨干电网当前仍在沿用苏联时期建设的中亚统一电网中的线路，受限于经济条件，近年来新建程度较低。乌兹别克斯坦大部分 500kV 和 220kV 的线路及变电站相关设备使用寿命已超过 30 年，包括 66% 的主网、62% 的配电网、74% 的变电站和 50% 以上的配电站，这导致乌兹别克斯坦电网效率低下，2019-2021 年输配电网损耗率约为 13%，其中 500kV/220kV 的主干网损耗约占 25%，配网损耗量约占 75%。

[1] Servert, Jorge. (2014). Roadmap for Solar Energy Development in Uzbekistan. Energy Procedia. 49. 1906 – 1915. 10.1016/j.egypro.2014.03.202.

2.4
电力互联互通

处于中亚电力互联互通的中心位置

乌兹别克斯坦跨境电力输送容量约为 4.15 吉瓦，其中与哈萨克斯坦的输电容量为 1 吉瓦、与塔吉克斯坦的输电容量为 850 兆瓦、与阿富汗的输电容量为 450 兆瓦、与土库曼斯坦的输电容量为 850 兆瓦、与吉尔吉斯斯坦的输电容量为 1 吉瓦。

目前，乌兹别克斯坦与中亚国家的电网连接主要以 500kV 和 220kV 线路以环形运行。从网架上来看，乌兹别克斯坦通过 2 回 500kV 交流线路与塔吉克电网相联；1 回 500kV 线路、2 回 220kV 与哈萨克斯坦相联；1 回 500kV 交流线路、多回 220kV 线路与吉尔吉斯斯坦相联；2 回 220kV 交流线路与阿富汗相联；3 回 220kV 线路与土库曼相联。

表 2-3 乌兹别克斯坦互联互通线路情况

	500kV 互联线路数	220kV 互联线路数
乌兹别克斯坦 - 塔吉克斯坦	2	—
乌兹别克斯坦 - 哈萨克斯坦	1	2
乌兹别克斯坦 - 吉尔吉斯斯坦	1	多回
乌兹别克斯坦 - 阿富汗	—	2
乌兹别克斯坦 - 土库曼斯坦	—	3

数据来源：乌兹别克斯坦能源部、乌兹别克能源公司

正在转向电力净进口国

乌兹别克斯坦电力进出口多年来基本保持平衡，在冬季出口气电，夏季进口水电。但在 2018 年，乌兹别克斯坦进出口电量均大幅削减，出口电量一直维持在 2 太瓦时左右。随着进口电量的逐步增长，自 2019 年起乌兹别克斯坦转为电力净进口国。2021 年，乌兹别克斯坦出口电量 2.15 太瓦时，主要出口至阿富汗；进口电量 6.2 太瓦时，主要来源于塔吉克斯坦和吉尔吉斯斯坦。

图 2-10 乌兹别克斯坦电力进出口历史情况（单位：太瓦时）

数据来源：国际能源署、乌兹别克斯坦统计局

2.5
电力体制与电力价格

电力基本由国有企业垄断运营

　　2019 年前，乌兹别克斯坦电力市场经营由乌兹别克能源公司（UzbekEnergo）垂直垄断，受内阁直接管理，业务覆盖发电、输电、配电、零售各个环节，并在全国各地设立分支机构。2017 年，乌兹别克斯坦水电公司(Uzbekhydroenergo JSC)成立，负责管理全国水电站的运营，将水电业务从乌兹别克能源公司中剥离。2019 年，乌兹别克斯坦政府对乌兹别克能源公司进行重组和民营化改革，电力监管工作由新成立的能源部接管，并成立了三家新的股份有限公司，分别是乌兹别克火电公司（Thermal Power Plants JSC），乌兹别克国家电网公司（National Electricity Grid of Uzbekistan JSC）和区域电网公司（Regional Electricity Grids JSC）。重组后，乌兹别克火电公司和乌兹别克水电公司等发电公司将电力出售给单一买家乌兹别克国家电网公司，后者将支付所有的发电成本；此后，乌兹别克国家电网公司再将电力出售给区域电网公司，最终以固定电价销售给电力消费者。

图 2-11 乌兹别克斯坦电力市场架构

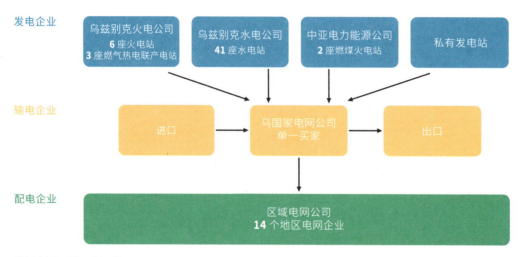

数据来源：国际能源署

乌兹别克斯坦电力行业的发电、输电、本地供电、运营和零售不需要获得特别许可证。然而，在实际操作中，市场准入在许多方面受到阻碍。因此，输电、地方配电网仍掌握在乌兹别克斯坦国家电网和区域电网公司手中。

电力价格完全由政府确定

根据 2019 年发布的《关于进一步完善电力部门电价政策措施的第 310 号令》，除跨国电力购销协议外，乌兹别克斯坦各环节电力价格均由政府采用成本加成法确定。此种电价计价方法对企业优化成本和自身消费不提供任何激励，终端用户的电价是通过将发电、输电、配电和供应成本加权平均而得出的，按照用户群体分为四类，电价自 2019 年 7 月以来未有变化。

表 2-4 乌兹别克斯坦电力价格

类别	定价方式	电价（含税）单位：美元 / 千瓦时
商业用户 （接入容量在750kVA以上）	政府、机关等国家财政单位 与组织统一定价	0.04
	其他消费者分时段计价	半高峰时段 9:00-17:00 0.04 高峰时段 6:00- 9:00&17:00-22:00 0.06 夜间 22:00-6:00 0.03
其他商业用户	统一定价	0.04
居民用户	用电暖炉的居民（半价）	0.015
	其他居民统一定价	0.03
商业用户用于供暖、 热水和烹饪的电价	统一定价	0.04

数据来源：乌兹别克斯坦内阁 No.633 法令

电价实行交叉补贴机制，整体电价较低

　　乌兹别克斯坦用电价格得到大量国家补贴，政府还会向弱势群体提供更多的折扣，差价由国家直接补贴给当地分销商。因此，乌兹别克斯坦用电价格常年保持在全球低位。

　　2010-2017 年，乌兹别克斯坦所有用户都使用统一电价，自 2018 年开始，政府对不同用户设定不同电价，商业用电的价格比居民用电高出 30%-50%。通过实施交叉补贴机制，商业用电部分承担了居民用电的成本。

图 2-12 乌兹别克斯坦电力价格变化

数据来源：能源宪章、乌兹别克斯坦能源部

目前，乌兹别克斯坦政府正在逐步提高电力价格，但整体电价在周边国家乃至全球范围内都仍属于较低水平，这也导致新的电力项目开发、运维和融资成本可能无法通过电价完全覆盖。

正在考虑启动电力市场建设

目前，乌兹别克斯坦政府正在起草电力领域相关的法律法规及电力市场改革措施，旨在继续推进电力市场改革。改革将分为三步：一是增设独立的电价监管机构，引入新的市场运营机构，并将输电运营和单一买家的职能相互剥离；二是建立统一的电力交易平台，消费者可通过平台直接向发电商购买电力，以此创造竞争环境；三是实现电力每日实时交易，终端电力销售将完全由私营企业承担。通过改革，乌兹别克斯坦将建立起竞争性电力零售市场。

图 2-13 乌兹别克斯坦改革后电力市场架构

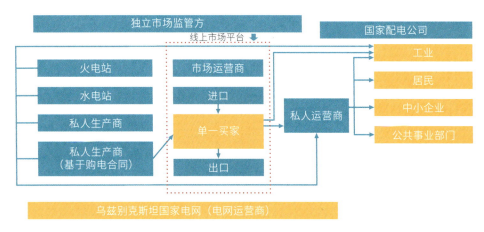

数据来源：国际能源署

2.6
可再生能源

乌兹别克斯坦可再生能源发电几乎全部来自水力发电，风能和太阳能年发电量不足 0.01 太瓦时，生物燃料是在农村地区取暖和烹饪的主要燃料，但确切数据尚无法明确。

现有可再生能源以水电为主

乌兹别克斯坦全国共有 42 座水电站，其中大型水电站 12 座，总装机容量为 1.68 吉瓦（占总装机容量的 90.8%），小水电站 28 座，总装机容量为 250 兆瓦（13.5%），微型水电站 2 座，总装机容量为 500 千瓦。其中径流式水电站共 30 座（4 座大型水电站和 26 座小型水电站），装机容量为 532 兆瓦；10 座配套水库的蓄水式水电站，总容量为 1.4 吉瓦。水电利用效率为 27%。[1] 大型水电站建设主要集中在塔什干地区，安集延、撒马尔罕和卡什卡达里亚地区建设小型水电站也有一定的潜力。

乌兹别克斯坦目前没有在运的抽蓄电站。2021 年乌兹别克水电公司与法国电力公司（EDF）签订了谅解备忘录，将在塔什干地区建设 20 万千瓦的 Khodjikent 抽蓄电站。

光伏、光热发电潜力较大

乌兹别克斯坦属干旱大陆性气候，光照积温达到 4000 千瓦时 -5000 千瓦时，总水平辐射（GHI）约为 4.52 千瓦时 / 平方米，高于西班牙（4.46 千瓦时 / 平方米 / 天）和意大利（4.07 千瓦时 / 平方米 / 天），大部分地区光伏发电潜力超过 4.3 千瓦时 /kWp。根据乌兹别克斯坦住房与公共设施部分析，北部地区年照射时间约为 2000 小时，南部地区接近 3000 小时。根据国际太阳能机构预测，乌兹别克斯坦太阳能发电技术潜力能够达到 2.65 亿吨标准油，远高于乌兹别克斯坦一次能源供应总量。

---

[1] 乌兹别克斯坦能源部《2020-2030 电力供应安全计划》（CONCEPT NOTE for ensuring electricity supply in Uzbekistan in 2020-2030）。

图 2-14 乌兹别克斯坦太阳能资源分布

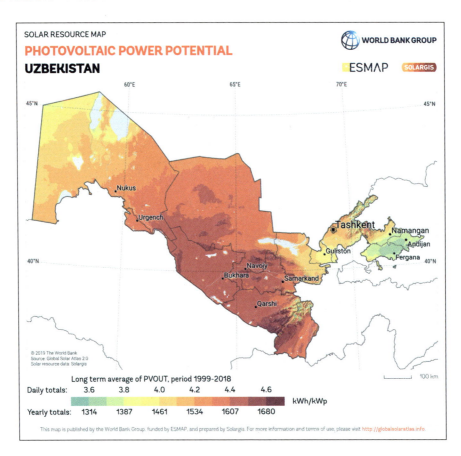

数据来源：世界银行、Solargis

　　从地区来看，太阳能资源最好的地区集中于乌兹别克斯坦南部的布哈拉州、撒马尔罕州和卡什卡里达州。这些地区地势平坦，适合大规模发展太阳能发电。根据测算，发电能力能够达到每年 1555 兆瓦 -1685 兆瓦。此外，这些地区矿产资源丰富，用电需求较大。依托南部与土库曼斯坦、阿富汗和塔吉克斯坦接壤的地理优势，发展太阳能在满足当地电力需求的同时，还有出口绿色电力或是绿氢的潜力。

风力资源集中在西北部

乌兹别克斯坦风力资源丰富，根据乌兹别克斯坦能源部报告，乌兹别克斯坦风能潜力预计达到 5.2 太瓦 -10 太瓦。从世界银行全球风资源数据来看，风力潜力最高的地区主要集中在西部与北部的纳沃伊州和卡拉卡尔帕克斯坦共和国，海拔 100 米处的平均风速达到 8m/s 以上，容量系数足以媲美海上风电场。塔什干东北部的山区以及撒马尔罕南部和东部的山脉也有较好的风力资源，但地形为山地，不适合大规模风力发电的发展。

图 2-15 乌兹别克斯坦风能资源分布

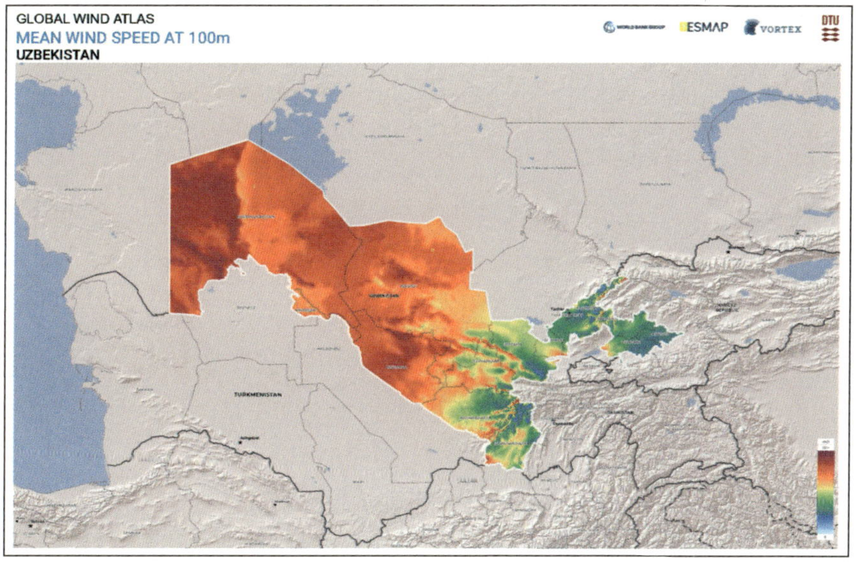

数据来源：世界银行、Windaltas

分地区来看，西北部的卡拉卡尔帕克斯坦共和国地广人稀，电力需求不高，2020 年用电量仅 1.37 太瓦时，可利用其在亚欧大陆交接处的地理位置发展电力外送，这对电网升级改造也提出了较高的要求。纳沃伊州是乌兹别克斯坦的工业重镇，用电量居全国第一，发展风电有利于满足当地需求和电力转型的要求。

新能源招标电价屡创新低

2019 年，乌兹别克斯坦首次进行新能源项目招标，首次招标为位于纳沃伊州的 100 兆瓦光伏项目。2020 年，分别针对 3 个光伏项目进行招标，分别位于苏尔汉河州，撒马尔罕州和吉扎克州。上述四个光伏项目均由阿联酋 Masdar 公司中标，最低达到 1.791 美分 / 千瓦时。2022 年 1 月，乌兹别克斯坦针对卡什卡达利亚州 300 兆瓦太阳能发电项目进行招标，目前尚未公布招标结果。

表 2-5 乌兹别克斯坦可再生能源竞拍中标价格

中标年份	项目名称	中标价格（美分 / 千瓦时）
2020	纳沃伊州 100 兆瓦	2.679
2021	谢拉巴德 457 兆瓦	1.8045
2021	撒马尔罕 220 兆瓦	1.791
2021	吉扎克 220 兆瓦	1.823

2021 年 9 月，乌兹别克斯坦公布 100 兆瓦卡拉卡尔帕克斯坦 Nukus 风电项目招标结果，项目总价为 1.08 亿美元，沙特 ACWA 报价为 2.5695 美分 / 千瓦时，成为项目优先中标人。

新能源外商投资法律环境较好

近年来，为推动新能源发展，乌兹别克斯坦政府不断推出新能源发展战略、出台相关法律法规，力图吸引国内外投资人进入新能源发电市场。乌兹别克斯坦《2020-2030 年电力供应安全计划》提出要通过电力市场改革在没有国家担保的情况下吸引足够的外资。

为了吸引国内外投资人投资光伏领域，乌政府于 2019 年以来陆续通过了《可再生能源使用法》《投资和投资活动法》《公私合作法》等多部法律法规，进一步奠定和完善了新能源领域 PPP 项目合作的基础，从立法层面吸引和保障私方投资人利益。

表 2-6 乌兹别克斯坦立法保护电力投资者

　　根据乌兹别克斯坦关于电力行业改革和发展战略的总统决议，公私合营（PPP）将成为能源领域用于吸引外资的优先手段。根据乌兹别克斯坦能源部公告，电力领域投资计划将重点吸收民间资本，新建的电厂将会向私人投资者出售部分股权，并在公私合营的基础上成立合资企业。《公私合营法》确定了电网单一买家与独立发电商之间的权利义务，民间资本没有将投资标的转化为国有资产的义务，政府则会为 PPP 项目提供最低收入保证、财政资金支付保证、主权担保以及税收优惠等多种经济保障与支持。此外，根据《投资和投资活动法》中关于保证投资者免受立法不利变化的规定，如果新出台的法律导致投资条件恶化，投资者自投资之日 10 年内可选择适用对投资者有利的旧法。如果项目投运后立法出现变化，导致私营投资者在该项目上的成本上升或是收益下降的，投资者有权根据 PPP 协议主张一定的经济补偿。

　　2019 年颁布的《可再生能源使用法》为可再生能源企业提供了大量经济激励和优惠措施。可再生能源发电企业在注册后的前五年内免除所有类型的税款，十年内免除 100 千瓦以上可再生能源发电设备的财产税和土地税。可再生能源发电企业和装备制造企业都有权设立当地电网并直接与用户签订可再生能源供电合同。可再生能源接入当地电网的成本由发电企业承担，但电网企业负责相应的电网升级与改造。《可再生能源使用法》原则性地规定新能源电价应当通过招标方式确定，与现行的《电价形成规则》规定的电价机制具有显著差异，但目前尚无相关配套法规出台，后续新能源发电项目将适用何种定价机制，还需进一步关注。

三　能源电力发展展望

能源规划高度重视可再生能源发展

2019 年 10 月 4 日，乌兹别克斯坦总统批准了《2019-2030 年经济绿色转型战略》（The Green Economy Transition Strategy for 2019-2030），制定了经济领域中多个部门的绿色发展目标。在能源领域的主要目标包括：

1　单位 GDP 温室气体排放量相较 2010 年水平下降 10%。

2　能效指标翻一番，降低二氧化碳强度，工业能效至少提高 20%。

3　可再生能源发电量占总发电量比例超过 25%。

4　开展电网现代化改造以保障电力系统的稳定性。

5　保障所有用户都能享受现代、低价和可靠电力供应。

为响应《2019-2030 年经济绿色转型战略》，乌兹别克斯坦政府制定了《2020-2030 电力供应安全计划》（Concept Note of Electricity Supply of the Republic of Uzbekistan for 2020-2030），设定了到 2030 年将发电容量提高到 29.3 吉瓦，发电量提高至 120.8 太瓦时的目标。到 2030 年，乌兹别克斯坦计划新增 5 吉瓦光伏发电、3 吉瓦风力发电，并建设乌兹别克斯坦第一座容量为 2.4 吉瓦的核电站。

图 3-1 2019-2030 年乌兹别克斯坦装机容量规划（单位：吉瓦）

数据来源：乌兹别克斯坦能源部

乌兹别克斯坦的目标是在 2050 年实现碳中和，并尽早实现电力领域温室气体排放达到峰值。根据乌兹别克斯坦能源部发布的《电力行业碳中和路线图》，政府行动计划包括五个方面：

1 发电基础设施转型，开发高效低碳的电源并升级相应的电网。

2 建立和改革监管体制，以提高可再生能源比例。

3 开展补贴改革，建立碳价格机制，结束监管体制对碳密集型行业的优待，创造公平竞争环境。

4 加大对公众的宣传教育，提高改革的社会接受度和可持续发展的能力。

5 减缓气候变化和提高气候韧性，以及减少其他负面环境影响。

未来电力需求将保持 6%-7% 的增速

根据乌兹别克斯坦能源部测算，虽然近十年来乌兹别克斯坦发电能力持续提高，但并不能完全满足国内电力需求，仍存在 9.4% 的电力缺口。根据预测，考虑到 2030 年乌兹别克斯坦 GDP 或将达到现在的 1.9 倍，人口数量也将提高约 37.4%，乌兹别克斯坦电力消费量将达到年均 6%-7% 的增速。到 2030 年，全国发电总量将达到 120.8 太瓦时；居民用电需求将达到 23.7 太瓦时，达到 2020 年的 1.5 倍；经济领域用电量达到 72.3 太瓦时，相比 2020 年用电量翻了一番；人均用电量将达到每年 2.67 兆瓦时，相比 2020 年上涨约 33%。

图 3-2 乌兹别克斯坦电力供需预测

数据来源：乌兹别克斯坦能源部、本报告研究

规划多个水电和新能源电源项目

水力发电方面，2021 年 12 月《关于进一步发展水电的相关措施》总统令正式发布，公布了乌兹别克水电公司新建 23 座水电站以及升级改造 12 座现有水电站的规划，同时公布了 22 座将会开放给私营企业的小水电站规划。

光伏发电方面，2020-2030 年，乌兹别克斯坦政府将大力发展太阳能发电，目标是到 2030 年新增 5 吉瓦光伏发电。光伏发电主要集中在中部和南部地区的吉扎克州、撒马尔罕州、布哈拉州、卡什卡达里亚州和苏尔汉河州，这些地区光照条件较好，将重点建设容量为 100 兆瓦 -500 兆瓦太阳能光伏电站。其他区域也将建设 50 兆瓦 -200 兆瓦的光伏电站。此外，政府计划为容量超过 300 兆瓦的大型太阳能光伏电站配备工业规模的储能系统，以确保间歇性发电和调峰能力的稳定。

风力发电方面，2020-2030 年，乌兹别克斯坦政府将发展 3 吉瓦的风电。风电项目的重点是大型风电场，单机容量将为 100 兆瓦 -500 兆瓦，大部分将集中于西北地区的卡拉卡尔帕克斯坦共和国和纳沃伊州。

图 3-3 2030 年乌兹别克斯坦可再生能源装机容量预测

数据来源：乌兹别克斯坦能源部

火电仍是主力电源，发电结构呈多样化发展

根据《2020-2030 电力供应安全计划》，火电未来仍然是乌兹别克斯坦主力电源。到 2030 年，乌兹别克斯坦发电总量将达到 120.8 太千瓦时，其中气电的占比将由 83% 下降至 58%，水电、风电、光伏和核电的占比都将增加。

图 3-4 乌兹别克斯坦 2019 年与 2030 年发电结构

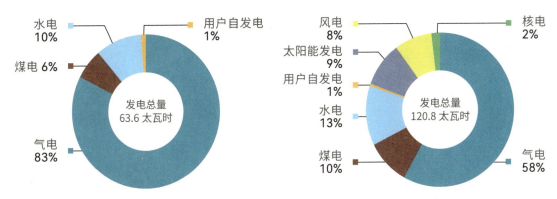

数据来源：乌兹别克斯坦能源部

政府计划在 2020-2030 年内开展 13 个火电站相关项目，新建 6 座火电站以增加 380 万千瓦发电容量；扩张 6 座现有火电站，通过新建燃气轮机、联合循环燃气轮机以及燃煤发电机组，增加 4.1 吉瓦发电容量；对 Novo-Angren 火电站进行现代化改造，提升 3300 万千瓦发电容量。这样一来，2030 年乌兹别克斯坦火电装机容量将达到 20.27 吉瓦，年发电量将达到 76.6 太瓦时。

图 3-5 乌兹别克斯坦火电装机与发电量

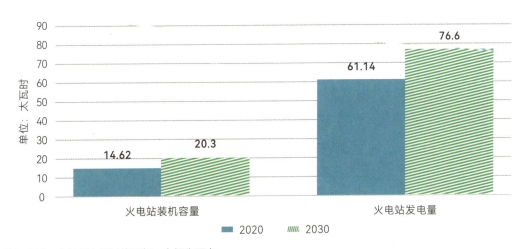

数据来源：乌兹别克斯坦能源部、本报告研究

规划大量电力系统升级改造项目

电源升级改造方面，近年来，乌兹别克斯坦也启动了多个电力现代化项目，对老旧机组进行更新换代。

表 3-1 乌兹别克斯坦主要电力改造项目

序号	项目名称	投资金额	计划投运时间	装机（兆瓦）
1	Novo-Angren 1-7 号机组	3960 万美元	2025	300
2	Urta-Chirchik 水电站	1090 万美元	2025	130
3	Chirchik 7 号机组	4680 万美元	2023	85.5
4	Chirchik 8 号机组	4280 万美元	—	73.4
5	Kadirinskiye 12 号机组	1090 万美元	2025	12.7
6	Shakhrikhan 水电站 5A 机组	2240 万美元	2024	12
7	Kadirinsky 15 号机组	1730 万美元	2028	9.2
8	Samarkand 水电站 5B 机组	1920 万美元	2027	8.95
9	Shakhrikhan 水电站 6A 机组	1570 万美元	2026	8.2
10	Tashkent 水电站 4 号机组	2860 万美元	2024	6.8
11	Samarkand 水电站 3B 机组	1690 万美元	2030	6.55
12	Tashkent 水电站 21 号机组	2300 万美元	2027	3.8
13	Samarkand 水电站 1B 号机组	1580 万美元	2023	3.1

数据来源：乌兹别克斯坦投资和外贸部、乌兹别克斯坦能源部、GEO

电网升级改造方面，乌兹别克斯坦计划投资 24 亿美元新建 2700 公里的 220kV-500kV 输电线路，新建 9 座变电站，同时投资 99 亿美元针对 14.09 万公里的配电网中 110kV/35kV/10kV/0.4kV 四个电压等级的配电站进行升级，对 3.96 万个输电单元开展现代化改造。

四 **中国-乌兹别克斯坦能源合作**

4.1
合作现状

> **能源贸易合作：天然气是"压舱石"**

　　乌兹别克斯坦是我国重要的天然气供应国。2011 年，中国中石油与乌兹别克斯坦国家油气控股公司签署天然气购销协议。近年来，由于乌兹别克斯坦国内天然气短缺，对华天然气出口有所减少，2020 年曾暂停对华天然气出口。2021 年，中国从乌兹别克斯坦进口天然气325 万吨，基本恢复至 2019 年水平。

图 4-1 2018-2021 中国自乌兹别克斯坦天然气进口量（单位：万吨）

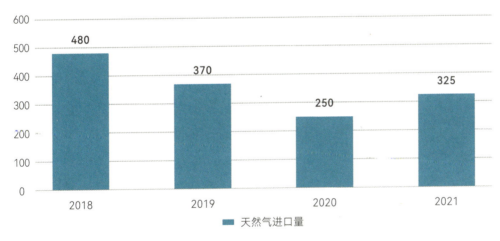

数据来源：中国海关总署

　　此外，乌兹别克斯坦还是中亚地区重要的天然气过境国。中乌合资公司中亚天然气有限公司负责中亚 A/B/C 线天然气管道乌兹别克斯坦境内段的运营，总长 1688 公里，我国经由该线进口土库曼斯坦、乌兹别克斯坦与哈萨克斯坦三国的天然气。在建的中亚 D 线管道将进一步扩大中乌天然气合作规模。中石油国际公司与乌兹别克斯坦油气公司在当地合作开发有卡拉库里天然气田，双方各占股 50%。

电力合作

自 2019 年乌兹别克斯坦首次开展新能源项目招标以来,中国企业便积极参与。2019 年纳伊沃 100 兆瓦光伏项目中,晶科、特变电工参与最终投标报价。2020 年的吉扎克 220 兆瓦光伏项目,中国的电建海投、林洋联合体、晶科、中电国际联合体参与最终投标报价;撒马尔罕 220 兆瓦光伏项目,电建海投、林洋联合体、晶科、中电国际联合体以及东方日升参与最终投标报价;谢拉巴德 200 兆瓦光伏项目,晶科、中电国际联合体参与最终投标报价。但面对 Masdar、ACWA Power 报出的超低投标电价,中资企业并未有斩获。

国际交流合作

2011 年 10 月,中国 - 乌兹别克斯坦政府间合作委员会正式成立。2012 年 11 月 20 日,中乌政府间合作委员会能源合作分委会第一次会议召开。此后,中乌政府间合作委员会能源合作分委会每两年召开一次。

2021 年 4 月,中乌政府间合作委员会能源合作分委会第六次会议以视频方式召开,中国国家能源局局长与乌兹别克斯坦能源部副部长共同主持。会议强调,中乌两国在油气等传统能源领域的合作不断深化,电力、可再生能源领域合作取得突破,今后可从三个方面深化合作:进一步巩固天然气合作的"压舱石"作用;挖掘中乌能源合作新的增长点,深化新能源、核能、金融一体化合作;加强能源领域政策沟通对接,联合规划编制,做好能源合作顶层设计。

4.2
合作展望

探索天然气领域合作新的增长点

乌兹别克斯坦是中亚的重要天然气资源国与管道过境国，近年来，乌天然气供需平衡、供需结构和战略方向均出现了新的变化，天然气发展战略从单纯的出口天然气转向打造区域天然气过境中枢、天然气化工等。为此，建议立足于双方在天然气领域良好的合作基础，拓宽在乌上游勘探开发合作范围；利用中亚天然气管道合作，积极探索天然气储运领域合作项目；顺应乌兹别克斯坦天然气发展战略，充分挖掘天然气化工项目合作潜力。

加强高比例可再生能源电力系统领域多双边务实合作

乌兹别克斯坦可再生能源资源禀赋较好，国内开发仍处于起步阶段，在乌兹别克斯坦政府政策和规划的支持下，风电、光伏等迎来发展机遇期。为此，建议推动双方在可再生能源领域的全面合作，利用好我国在可再生能源规划、技术和资金方面的优势，积极参与乌兹别克斯坦绿色能源系统性规划、项目投资、产能合作、工程建设等产业链上下游全方位合作，提升乌兹别克斯坦绿色能源发展的能力。

积极参与乌兹别克斯坦能源基础设施改造升级进程

在乌兹别克斯坦火电机组中，60% 的火电机组投运于 20 世纪 70 年代至 90 年代，规划中的可再生能源大规模并网也将对输电线路的安全稳定、高效运行带来新的挑战。整体而言，乌兹别克斯坦能源基础设施改造需求强烈，双方可推动火电基础设施清洁、高效、低碳改造升级，加大在电网安全稳定性提升、电力系统灵活性改造等领域的合作，助力乌兹别克斯坦电力行业高质量转型发展。

03

吉尔吉斯斯坦
能源合作
Kyrgyzstan Energy Cooperation

吉尔吉斯斯坦地处欧亚枢纽，是世贸组织、独联体、上合组织和欧亚经济联盟等多个国际组织成员，也是中国的友好邻邦，两国有着 1000 多公里共同边界。中吉双边政治关系紧密，高层互访频繁，于 2018 年建立全面战略伙伴关系，合作水平不断提高。吉尔吉斯斯坦水电资源极为丰富，电力需求稳步增长，未来中吉两国水电、氢能、电力互联互通等领域合作将大有可为。

能源行业基本情况

1.1

能源资源

除煤炭资源外，化石能源资源总体较为匮乏

吉尔吉斯斯坦油气资源匮乏，石油储量约 8850 万吨，可采储量仅约 1120 万吨，主要集中在该国南部贾拉拉巴德（Jalal-Abad）和巴特肯（Batken）地区，开发水平很低（0.1%）；天然气资源量约 200 亿立方米，可采储量约 60 亿立方米。

吉尔吉斯斯坦煤炭资源丰富，资源量约 57 亿吨，已探明矿床和煤炭产地约 70 处，主要集中在巴特肯州的费尔干纳（Fergana）河谷周边地区。吉尔吉斯斯坦煤炭资源质量较好，在该国已探明储量中，褐煤占比超过 55%，硬煤占比约 40%，焦煤占比约 5%，且主要集中在深层地表，开发成本较高。由于地形复杂、交通设施不发达、人口密度较低等原因，吉尔吉斯斯坦多处已探明煤矿尚未得到开发。

水能资源丰富，且开发潜力巨大

吉尔吉斯斯坦境内河流湖泊众多，水能资源极其丰富，河流总长度约 3.5 万公里，地表径流量约在 450 亿立方米 / 年 ~600 亿立方米 / 年，年发电潜力达到 142 太瓦时，在独联体（CIS）国家中位居第三，仅次于俄罗斯和塔吉克斯坦。吉尔吉斯斯坦境内适合部署大型水电站的流域水电潜力超过 130 太瓦时 / 年，目前已开发 15%。据吉尔吉斯国立技术大学（KSTU）可再生能源学院预测，该国小型水电（规模小于 30 兆瓦）潜在装机容量约 1600 兆瓦，每年约可提供 5 太瓦时 ~8 太瓦时电力，主要集中在楚河（Chu）、塔拉斯河（Talas）、纳伦河（Naryn）、伊塞克湖（Lake Issyk-Kul）等流域，目前仅开发 3%。

风能资源贫瘠，太阳能资源较为丰富

据国际能源署（IEA）测算，吉尔吉斯斯坦风能资源潜力约为 2 太瓦时，但技术经济可行性较低，经济可行的仅有 4 吉瓦时，不具备大规模风电部署条件。据美国国际开发署（USAID）估计，吉太阳能资源潜力约为 0.49 太瓦时，相较于风能可开发度更高，目前以民用为主。

1.2
能源供应

> **本国一次能源供应以石油、水能和煤炭为主**

图 1-1 2021 年主要独联体国家一次能源供应情况

数据来源：英国石油公司、国际能源署

　　在主要独联体国家（CIS）中，吉尔吉斯斯坦对天然气供应比重较低，而石油、煤炭和水能为该国一次能源供应结构的主要组成部分。

2021 年，吉尔吉斯斯坦一次能源供应 378 万吨标准油，石油、水能、煤炭分别是吉尔吉斯斯坦能源供应结构中最主要的三大能源品种。

石油是第一大能源供应品种，占比达到 33.4%。得益于与境外投资企业合作，近年来吉尔吉斯斯坦境内新增 410 口油井，石油产量呈现逐步上升趋势，由 2014 年的 8.2 万吨标油增至 2020 年的 23.9 万吨标油，涨幅达到 191%。然而，受制于有限的石油储量，该国大部分石油供应仍依赖进口。

水能是吉尔吉斯斯坦第二大能源供应品种，占比 31.8%。截至目前，吉尔吉斯斯坦大型流域发电潜力已开发 15%，小型流域仅开发 3%。未来水电具有较大发展潜力。

煤炭是吉尔吉斯斯坦第三大能源供应品种，占比 27.1% 且呈持续增长态势。自 20 世纪 90 年代起，受到生产运输成本高昂、煤炭生产基础设施老旧、廉价电力占据供热需求主体等多重因素叠加影响，吉尔吉斯斯坦煤炭产量持续低迷。在 2010 年政府陆续采取相应刺激措施后，该国煤炭生产得以恢复活力，并在 2010 年至 2020 年间实现近 5 倍产量增长，达到 99 万吨标油。

图 1-2 吉尔吉斯斯坦能源生产结构（单位：万吨标油）

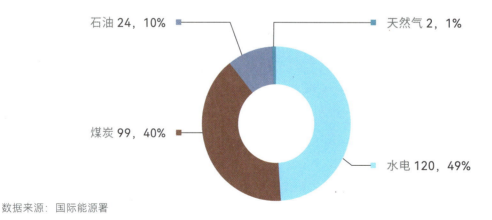

数据来源：国际能源署

油气资源主要依赖进口，进口品种以石油制品为主

吉尔吉斯斯坦净进口占比最大的能源品种为石油和天然气，2020 年净进口量分别为 119 万吨标油和 27 万吨标油。近年来，该国石油净进口量总体呈波动态势，天然气净进口量基本维持稳定。受国际石油市场波动和本国能源基础设施老化、能源效率低下、能源损耗过高等因素交织影响，吉尔吉斯斯坦能源供应安全面临一定挑战。

图 1-3 吉尔吉斯斯坦油气净进口量变化趋势

数据来源：国际能源署

1.3
能源消费

石油和电力是能源消费的主要品种

2020 年，吉尔吉斯斯坦能源消费总量约为 320 万吨标油，较 2010 年同比增长 40.9%，其中石油和电力是吉尔吉斯斯坦终端能源消费的主体，石油消费占比 37.3%，电力消费占比为 32.7%，其余为煤炭（15.3%）、热能（9.4%）和天然气（5.2%）。

图 1-4 吉尔吉斯斯坦 2020 年终端能源消费各部门用能品种占比

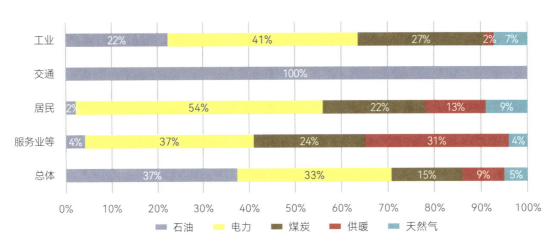

数据来源：国际能源署

人均能源消费较低，主要为居民用能

2020 年，吉尔吉斯斯坦人均终端能源消费量为 0.49 吨标油（低于同年全球人均终端能源消费量 1.73 吨标油），较 2010 年同比增长 16.8%。吉尔吉斯斯坦居民用能占比最高，为 46.6%；交通用能次之，占比为 33.7%；工业用能占比较低，仅为 9.1%。

图 1-5 吉尔吉斯斯坦 2020 年终端能源消费部门结构（单位：万吨标油）

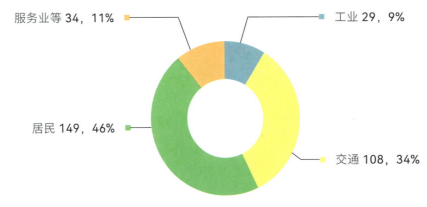

数据来源：国际能源署

电力行业基本情况

2.1

电力供应

电源结构以水电为主，近年电力供应稳中有升

吉尔吉斯斯坦电力体量较小，电源主要由水电和火电构成，其中水电装机占比为 90.7%，火电装机占比为 9.1%。

图 2-1 吉尔吉斯斯坦 2020 年电源结构

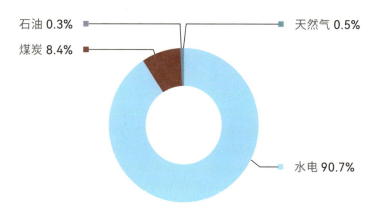

石油 0.3%　　天然气 0.5%
煤炭 8.4%
水电 90.7%

数据来源：吉尔吉斯斯坦国家统计署（NSC）

吉尔吉斯斯坦水电由数个级联水电站组成，水源来自托克托古尔（Toktogul）水库，该水库库容为 195 亿立方米，为季节性调节水库。吉尔吉斯斯坦火电供应主要来自燃煤电站，其中约 68.5% 使用自产煤炭，另外 31.5% 进口自哈萨克斯坦。该国天然气主要从乌兹别克斯坦进口，经由俄罗斯企业运营的天然气管道输送至境内，进口总量约 12% 用于比什凯克（Bishkek）和奥什（Osh）的热电厂。

近年来，吉尔吉斯斯坦电力供应需求以 3%~5% 的增速逐年增长，总发电量随托克托古尔水库流量在 13 太瓦时 ~15 太瓦时之间波动，2020 年度总发电量约为 15.4 太瓦时，其中 89.6% 来自大型水电，9.1% 来自热电联产电厂，1.3% 由小水电提供。

图 **2-2** 吉尔吉斯斯坦 2010-2021 年发电量

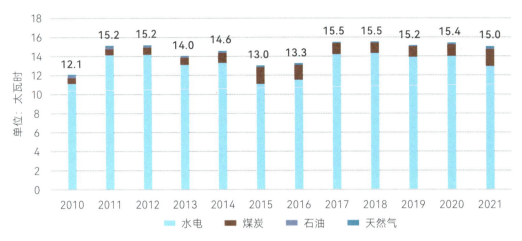

数据来源：吉尔吉斯斯坦国家统计署（NSC）

> **发电设施已投运多年，未来将有大量升级改造需求**

2021 年，吉尔吉斯斯坦总装机容量为 3952 兆瓦，较 2005 年（3666 兆瓦）增幅不大，其中约 83.2% 装机建于苏联时期，未来电源升级改造潜力巨大。自独立以来，吉尔吉斯斯坦对比什凯克热电联产电厂进行了现代化改造，使其增加了 150 兆瓦装机容量。

表 **2-1** 吉尔吉斯斯坦 2010-2021 部分年份装机容量（单位：兆瓦）

能源品种	2010 年	2017 年	2018 年	2019 年	2020 年	2021 年
水电	3030	3030	3030	3030	3030	3030
火电	716	862	862	862	862	862
小水电	42	49	56	56	56	60
总容量	3788	3941	3948	3948	3948	3952

数据来源：吉尔吉斯斯坦国家统计署（NSC）

表 2-2 吉尔吉斯斯坦发电站情况（截至 2021 年底）

序号	名称	投运年份	装机容量（兆瓦）	年设计发电量（太瓦时）
1	托特托古尔水电站	1975	1200	4.4
2	Kurpsai 水电站	1982	800	2.63
3	Tash-Kumyr 水电站	1987	450	1.70
4	Shamaldy-Sai 水电站	1995	240	0.90
5	Uchkurgan 水电站	1962	180	0.82
6	Kambarata 2 期水电站	2010	120	1.14
7	Atbashy 水电站	1970	40	0.15
	水电合计		**3030**	**11.74**
8	比什凯克热电联产电站	1961	812	1.74
9	奥什热电联产电站	1966	50	\
	火电合计		862	1.74
10	JSC Chakan GES（9 座）	1928-1958	38.5	0.16
11	私营小水电（11 座）	1954-2021	21.8	0.10
	小水电合计		**60.3**	**0.26**
	吉尔吉斯斯坦电力系统合计		**3952.3**	**13.74**

数据来源：吉尔吉斯斯坦能源部（MoE）

2.2
电力消费

电力消费中低速增长，居民是电力消费的主体

2020 年，吉尔吉斯斯坦电力消费总量达到 12.30 太瓦时。2015~2021 年，电力消费年均增速达到 2.98%，呈逐步增长态势。从用电部门角度看，居民用电逐渐成长为吉尔吉斯斯坦电力消费主体，2020 年占比达到 76%，约为 2010 年的 3 倍；工业和制造业用电占比由 2010 年的 32% 降至 12%；服务业用电占比为 9%；农业用电仅占 1.5%。

图 2-3 吉尔吉斯斯坦 2010-2021 年终端电力消费结构

数据来源：国际能源署

电力负荷受季节性影响较大，负荷日峰谷差较大

吉尔吉斯斯坦用电负荷季节性差异很大，负荷高峰期在每年 1 月左右，日峰值负荷可达 3000 兆瓦，夏季日峰值负荷约为 1500 兆瓦。但因灌溉和制冷需求，通常在每年 7 月还有一个用电小高峰。

2.3

电力输送

电力流自南向北流动，电网逐步增强

吉尔吉斯斯坦国内电力系统分为南北两部分，电源主要集中在南部，负荷主要集中在北部，吉国内电力流总体自南向北流动。南北两个系统由 500 kV 线路相连接。在 2015 年以前，吉南北输电需借道邻国，加之输电网络老化严重，电网结构较为薄弱。在达特卡 - 克明 500kV 输电线路竣工后，吉南北输电阻塞得以打通，电网强度得到显著改善。

输电侧，吉尔吉斯斯坦国家电网公司（JSC National Grid）运营着该国 35 kV、110 kV、220 kV 以及 500 kV 4 个电压等级的输电系统和 197 个 110-500 kV 变电站，110 kV 以上的高压输电线路总长达到 7548 公里。

配电侧，吉斯维电力公司（JSC Sever electro）、奥什电力公司（JSC Osh electro）、贾拉拉巴德电力公司（JSC Jalal-Abad Electro）和沃斯托克电力公司（JSC Vostok electro）四家配电公司运营着超过 7 万公里的多级配电网络，配电线路电压等级分为 35kV、10 kV、6 kV 和 400V。

输配电网基础设施较为老旧，新建和改造项目陆续启动

吉尔吉斯斯坦输配电线路电气装备（配电线路、变电站）磨损程度较高。为提高能源系统可靠性，改善供电质量，吉尔吉斯斯坦已启动实施一系列新建和改造项目，主要是新建 220 kV、110 kV 高压输电线路、新建 500 kV 系统变电站、重建多处变电站和输电线路等。

表 2-3 吉尔吉斯斯坦配电网络基础设施损耗情况

所属企业		电气装备磨损度（%）
斯维电力公司	0.4-6-10-35-kV 线路	62.0
	35 kV 变电站，变压器变电站 (6-10/0.4 kV)	58.0
奥什电力公司	0.4-6-10-35-kV 线路	71.5
	35 kV 变电站，变压器变电站 (6-10/0.4 kV)	68.7
贾拉拉巴德电力公司	0.4-6-10-35-kV 线路	49.3
	35 kV 变电站，变压器变电站 (6-10/0.4 kV)	46.5
沃斯托克电力公司	0.4-6-10-35-kV 线路	56.7
	35 kV 变电站，变压器变电站 (6-10/0.4 kV)	45.6

数据来源：吉尔吉斯国家能源控股公司（NEHC）

2.4
电力互联互通

积极推动和南亚国家的电力互联互通

吉尔吉斯斯坦是中亚电力系统（CAPS）的组成部分之一，与乌兹别克斯坦、塔吉克斯坦和哈萨克斯坦等国维持跨境电力互联。同时，该国正规划新的电力系统融合项目，包括向阿富汗和巴基斯坦输电的 CASA-1000 计划。

图 2-4 吉尔吉斯斯坦本国主要电网络及跨境输电线路

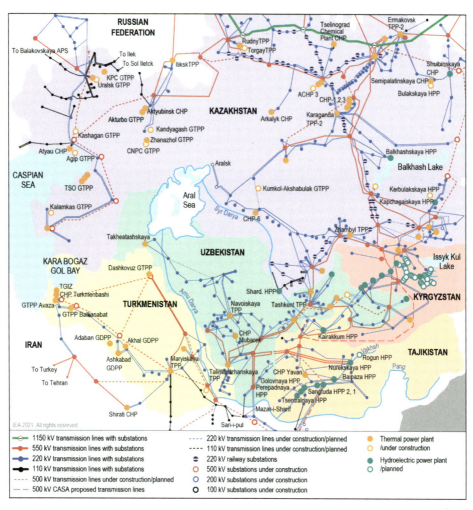

数据来源：国际能源署

电力贸易额受本国年水电发电量影响较大

在跨境电力贸易方面，吉尔吉斯斯坦与哈萨克斯坦、乌兹别克斯坦、塔吉克斯坦和土库曼斯坦等周边国家根据政府间双边协议实现跨境输电。吉尔吉斯斯坦是以水电为主体的国家，发电量和来水量密切相关。丰水年为电力净出口国，枯水年则可能成为电力净进口国。

表 2-4 吉尔吉斯斯坦 2015-2021 年进出口电量（单位：吉瓦时）

		2015 年	2016 年	2017 年	2018 年	2019 年	2020 年	2021 年
出口	哈萨克斯坦	182.3	197.8	0.3	269.3	\	300	300
	乌兹别克斯坦	\	\	1142.9	752.2	\	\	246.2
进口	哈萨克斯坦	400.7	133.2	\	\	269.3	52.6	681
	塔吉克斯坦	146.6	\	\	\	\	\	\
	乌兹别克斯坦	\	\	\	\	\	\	504.4
	土库曼斯坦	\	\	\	\	\	\	498.2
净进口量		365.0	-64.6	-1143.2	-1021.5	269.3	-247.4	134.8

数据来源：吉尔吉斯电力结算中心（KESC）

2.5

电力市场

电力系统改革起步较早，发、输、配分离度高

吉尔吉斯斯坦在 2002 年对国有吉尔吉斯能源公司（Kyrgyz Energo）进行了拆分重组，形成了 7 家公司分别经营该国发电、输电和配电产业。发电侧由国有发电厂（JSC Electric Power Plants）主导；输电侧由国有电力系统运营商 NESK 公司（JSC NESK）经营，该公司同时负责全国的电力调度服务；配电侧和售电侧同时由四家企业运营，分别为：覆盖比什凯克、塔拉斯和丘伊地区的斯维电力公司（分销量占比 42%）、覆盖伊塞克湖和纳伦地区的沃斯托克电力公司（分销量占比 18%）、覆盖奥什和巴特肯地区的奥什电力公司（分销量占比 26%）和覆盖贾拉拉巴德地区的贾拉拉巴德电力公司(分销量占比 14%)。以上公司均为股份制公司，

由吉尔吉斯斯坦政府控股（持有 83% 股份）。2016 年 1 月，该国政府批准成立吉尔吉斯国家能源控股公司（NEHC），将上述公司国有部分股分转移由 NEHC 持有。与此同时，吉尔吉斯斯坦议会确定 NEHC 所拥有股权不得被出售、抵押或转让，所持股份由信托公司代为管理。

图 2-5 吉尔吉斯斯坦电力部门管理架构

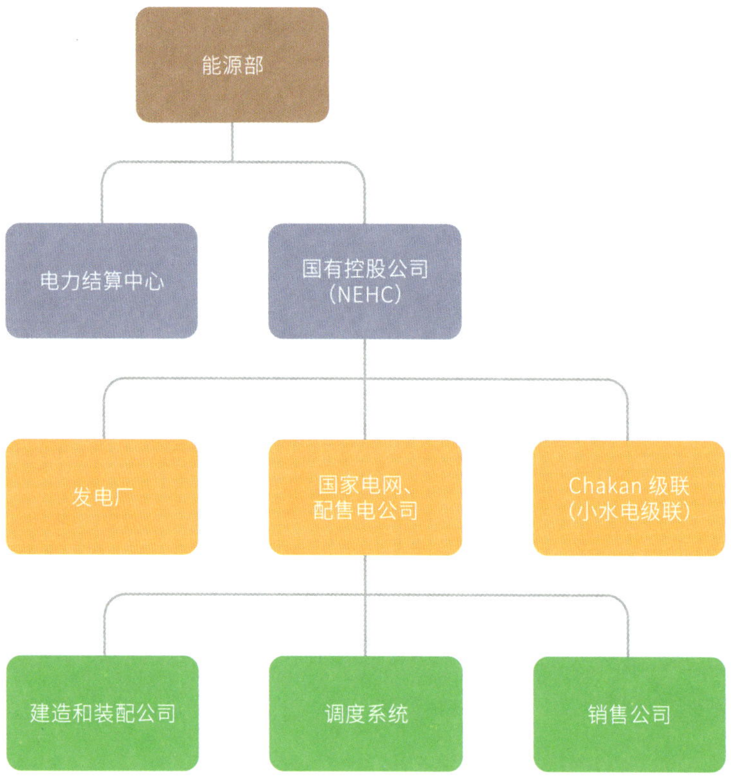

数据来源：吉尔吉斯斯坦部长内阁

能源电力部门管理体系启动改革

吉尔吉斯斯坦内阁于 2022 年 2 月 8 日批准了《能源部门管理体系重构概念文件》指出，能源部门管理体系重构将分为以下几项实施：一是合并四家配电企业（斯维电力公司、沃斯托克电力公司、奥什电力公司和贾拉拉巴德电力公司），二是合并国有发电企业和比什凯克地区供配热公司，三是合并国家电网公司和配电企业的资产，分拆售电侧业务。

2.6
可再生能源

可再生能源实际利用率较低

吉尔吉斯斯坦可再生能源供应潜力约为 8.4 亿吨标油，主要品种为太阳能、小水电、风能、地热能和生物质能等。据 KSTU 研究显示，吉尔吉斯斯坦现存可再生能源资源（不含水电）理论上可满足该国 50.7% 的能源需求。其中，技术可开发的有 20%，经济可行的为 5.6%，实际使用水平仅有 1%。

水电是供应主体，但小水电开发程度不高

吉尔吉斯斯坦大型水电是电力供应的绝对主体，分布式小水电（装机规模小于 30 兆瓦）同样具备优秀的开发潜力。近年来，吉尔吉斯斯坦小水电发电量仅占 1% 左右，共有 18 座在运小水电站，其中 9 座为私营电站。小水电总装机为 53.8 兆瓦，年均发电量约 0.246 太瓦时。据统计，吉尔吉斯斯坦目前仍有 90% 的水电潜力有待开发。

表 2-5 吉尔吉斯斯坦在运小型水电站

序号	小水电站名称	装机容量（兆瓦）	发电量（吉瓦时）
1	Lebedinovkaya 小水电站	7.6	32.5
2	Alamedin 小水电站一期	2.2	11.0
3	Alamedin 小水电站二期	2.5	12.3
4	Alamedin 小水电站三期	2.1	12.8
5	Alamedin 小水电站四期	2.1	12.5
6	Alamedin 小水电站五期	6.4	17.3
7	Alamedin 小水电站六期	6.4	17.2
8	小型 Alamedin 小水电	0.4	1.7
9	Bystrovskaya 小水电站	8.7	43.2
10	Kalininskaya 小水电站	1.4	6.22

表 2-5 吉尔吉斯斯坦在运小型水电站

序号	小水电站名称	装机容量（兆瓦）	发电量（吉瓦时）
11	Issyk-Atinskaya 小水电站	1.6	11.2
12	Naiman 小水电站	0.6	2.9
13	Ak-Suyu 小水电站	0.5	2.57
14	Tegementinskie 电站	3.0	12
15	Kyrgyz-Ata 小水电站	0.26	1.46
16	Shakhimardan 小水电站	1.0	3.3
17	Konurolon 小水电站	3.6	25.9
18	Kok Say 小水电站	3.4	18.8
总计		**53.84**	**245.88**

数据来源：国际能源署

风电整体开发潜力较小

　　吉尔吉斯斯坦属于大陆性气候，光照足，刮风少。吉尔吉斯斯坦境内 10% 最强风区平均功率密度为 880 瓦 / 平方米，平均风速 9.12 米 / 秒，但多集中于高山地区，不具备风电部署条件。吉尔吉斯斯坦人口密集地区全年平均风速约在 2 米 / 秒 -2.5 米 / 秒，风电经济可行度较低。据测算，吉尔吉斯斯坦全年风电潜力约为 2 太瓦时，技术可行的约为 0.14 太瓦时，经济可行的仅有不到 4 吉瓦时。

图 2-6 吉尔吉斯斯坦风电潜力

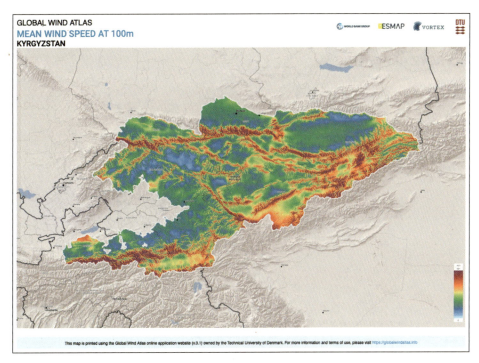

数据来源：世界银行、GlobalWindAtlas

吉太阳能资源较好，未来具备一定开发潜力

　　吉尔吉斯斯坦光照情况良好，全年平均日照时间在 2500 小时 -2600 小时之间，日照高峰通常在每年 5 月至 8 月。单位面积光伏发电水平夏季可达 500 瓦时 -600 瓦时，冬季约在 300 瓦时 -400 瓦时间，单位面积全年发电量约为 1028 千瓦时 -1278 千瓦时。根据 USAID 估计，吉年光伏发电潜力可达 0.49 太瓦时。吉光伏发电主要用于住宅、农场、餐馆等。2022 年，吉尔吉斯斯坦政府与我国中铁二十局签署 1000 兆瓦光伏电站项目，将在伊塞克湖地区部署。

图 2-7 吉尔吉斯斯坦光伏发电潜力

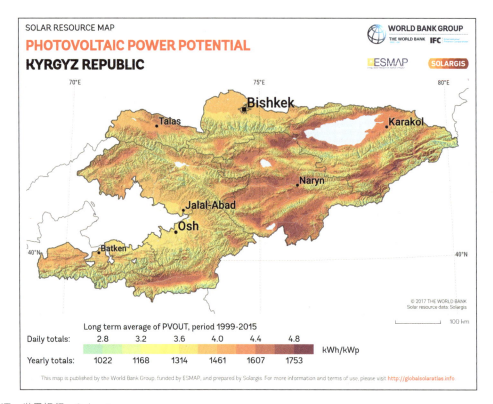

数据来源：世界银行、Solargis

能源电力发展展望

3.1
能源发展政策

能源发展顶层规划逐步向清洁能源倾斜

2021 年，吉尔吉斯斯坦政府发布《至 2026 年国家发展规划》（NDP），确定了能源部门经济发展优先事项，其中包括以大力发展水电和替代能源减少化石能源依赖，同时对能源消费结构转型、技术现代化和气候变化进程等给出相应指导意见。NDP 提出，为满足中长期不断增长的用能需求，需开发利用纳伦河流域水电潜力，加快建设卡姆巴拉金 1 号水电站、纳伦河上游级联水电站等大型水电，并对托克托古尔级联水电站实施现代改造。

面向中长期发展阶段，吉尔吉斯斯坦制定了《至 2030 年燃料和能源综合发展概念文件》草案，确定了能源可持续发展、保障能源安全、提高实体经济能源效率、减少人为破坏环境等长期目标。主要包含以下几方面举措：一是燃料和能源综合可持续发展，保障能源安全；二是调控用能需求，构建合理能源结构；三是加强国际合作，完善对外能源政策；四是提高能源效率，减少环境影响；五是推动机构改革，加强能源部门管理和创新；六是促进财政复苏，确保能源电力企业财政稳定高效。

应对气候变化参与度提高，能源部门减排成重点

2019 年，吉尔吉斯斯坦正式签署《巴黎协定》，由能源部牵头负责降低温室气体排放有关工作。吉尔吉斯斯坦政府承诺将减少当前温室气体排放量的 11.5% 至 13.8%，并积极推进能源低碳转型。目前，吉尔吉斯斯坦政府就推进国家自主贡献（NDC）已发布相应的规划文件，包括《吉尔吉斯共和国气候投资方案》和《吉尔吉斯共和国 2019-2023 年绿色经济发展方案》。

2021 年，吉尔吉斯斯坦向第 26 届联合国气候变化大会（COP26）提交了温室气体减排的更新 NDC 目标，提出至 2025 年无条件减少 16.63% 温室气体排放量，至 2030 年，在2025 年的基础上再减少 15.97%；若得到国际社会支持，NDC 相应将提高为至 2025 年减少

36.61%，至 2030 年减少 43.62%。吉尔吉斯斯坦在更新的 NDC 目标中提出通过提高能源效率和发展可再生能源来减少温室气体排放，对该国以往能源发展政策起到良好的延续作用，具体举措如下。

表 3-1 吉尔吉斯斯坦 NDC 目标能效提升相关举措

应对气变举措	目标指标，千吨等效碳排放	
	2025	2030
扩大家庭节能炉灶装机规模	772449	886314
以燃气锅炉替代燃煤锅炉，提高小型锅炉房能源效率	402203	1223697
按照节能标准新建建筑	14552	16866

数据来源：吉尔吉斯斯坦更新 NDC 目标（2021）

3.2
发展预测和方向分析

电力供需显著增长，可再生能源加快发展

　　吉尔吉斯斯坦在未来几年内电力供需将显著增长，至 2030 年全年发电量达到 20 太瓦时；可再生能源占比逐步提高，至 2040 年占比提升至 10% 以上。在大力发展可再生能源方面，吉尔吉斯斯坦已于 2022 年与中国中铁二十局签署 1000 兆瓦光伏项目，与西班牙 EcoEner 公司签署 260 兆瓦水电项目，与阿联酋 Masdar 签署 500 兆瓦光伏项目。

图 3-1 吉尔吉斯斯坦 2022 年至 2040 年发电量预测

数据来源：国际能源署、美国信息署、本报告研究

大力发展绿氢和储能、加强电力互联互通是能源电力发展的两个发展方向

在 NEP 和 NDP 中，吉尔吉斯斯坦政府均强调了能源结构偏重水电带来的能源安全隐患，吉尔吉斯斯坦势必需要寻求补足水电供应季节性盈亏的可持续解决方案。根据吉尔吉斯斯坦政府近年来发布的一系列能源领域政策举措，可归纳出以下两个发展方向：一是同步发展氢能和储能，有效利用弃水、弃光等绿色电力制备绿氢和绿氨，一举解决新能源消纳问题和季节性供应短缺问题，带动可再生能源产业链发展与延伸；二是继续深化国际合作，加强与 CAPS 国家油气管道建设和电力互联合作，加大同中国的能源合作力度。

四 中国-吉尔吉斯斯坦能源合作

4.1
合作现状

中－吉两国能源合作已覆盖多个领域

　　吉尔吉斯斯坦是上合组织（SCO）绿色能源主要倡导国和"一带一路"能源合作伙伴关系（BREP）成员国，与中国能源合作需求旺盛、意愿强烈、基础良好、潜力较大。中国作为吉尔吉斯斯坦最大贸易合作伙伴国家，双方在能源领域已开展了多种形式的务实合作。

　　项目投资方面，中铁二十局和中电国际于 2022 年 4 月就联合开发建设的伊塞克湖 1000 兆瓦光伏和托古兹 600 兆瓦水电项目与吉尔吉斯斯坦政府在吉尔吉斯斯坦能源高峰论坛上签署投资建设协议。

　　施工建设方面，中国特变电工 2012 年起承建吉尔吉斯斯坦首条独立输电线路——达特卡 - 克明输电线路，并于 2015 年竣工投入使用。由于此前吉尔吉斯斯坦托克托古尔水电需经过乌兹别克斯坦送往国内受端，项目建成后每年为吉尔吉斯斯坦节省了近千万美元跨境输电成本。中国电工于 2022 年 10 月与吉尔吉斯电站公司正式签约乌奇库尔干 4×45 兆瓦水电站增容改造项目 EPC 合同。该项目为亚洲开发银行贷款现汇项目，项目主体乌奇库尔干水电站位于吉尔吉斯斯坦西南部贾拉拉巴德州，项目主要工作内容包括改造电站现有 4×45 兆瓦轴流转浆机组并增容出力至 4×56 兆瓦。

　　装备供应方面，中国重机于 2022 年 6 月 20 日与吉尔吉斯斯坦国家电网公司签订220kV/250MVA 自耦变压器及 500kV 电抗器供货合同，将作为吉尔吉斯斯坦能源部 2022 年重点电力改造项目，主力解决该国首都比什凯克供电短缺问题。

4.2
合作展望

未来可进一步加强水电、氢能和电力互联互通合作

中国水电技术全球领先，近年来成功研发制造全球最大单机容量 1000 兆瓦水电机组。吉尔吉斯斯坦坐拥中亚地区最丰富的水电资源，本国能源政策大力支持水电发展。中国可继续积极帮助吉尔吉斯斯坦建设、改造水电基础设施。

中国作为全球最大的制氢国，2021 年制氢产量约 3300 万吨，且具备较为完整的制备、储运、加氢和燃料电池等上下游氢能产业链。据中国氢能联盟预测，至 2060 年中国氢能需求将达到 1.3 亿吨。中亚五国资源禀赋各具特点，依托 CAPS 建立了良好的能源电力互联系统，亟须发展氢能等新型能源储运媒介。2022 年 3 月，中国国家发展改革委发布《氢能产业发展中长期规划（2021-2035 年）》，提出"积极开展氢能技术创新国际合作，探索与共建'一带一路'国家开展氢能贸易、基础设施建设、产品开发等合作"。中吉两国推进氢能合作已具备良好的政策支持基础和客观发展需求。中国在支持吉尔吉斯斯坦水电建设的同时，可同步发展电解水制氢进行氢储能，实现水资源和能源双重储存，满足中国和中亚五国持续增长的能源与水资源多重需求。

除此之外，吉尔吉斯斯坦因其能源供应支柱为水电，存在季节性波动和断供风险，且近年来已成为电力净进口国，需要与邻国建立稳定的电力互联来保障本国能源安全。我国可考虑研究中 - 吉电力互联互通的可行性，充分激活该国水电和氢能潜力并引入国内，加强我国在能源安全方面的保障，推动吉尔吉斯斯坦将丰富的可再生能源资源转变成为经济效益，实现双方共赢。

风险防范

在积极开展对吉尔吉斯斯坦能源合作的同时，应注意防范该国政治局势、地缘冲突、环保政策等方面风险。2005 年至今，吉尔吉斯斯坦政权已经历三次非正常更迭，一度造成社会动荡、经济下滑，国内南北对立愈发严重，安全形势复杂多变。2021 年吉尔吉斯斯坦与塔吉克斯坦就界河问题爆发武装冲突，虽于短期内平息，但冲突本质还与水资源有关，未来隐患仍在。此外，吉尔吉斯斯坦重视环境保护，相关法律法规齐全，我国企业赴吉尔吉斯斯坦投资合作如违反环保规定，将受到高额处罚，并容易激化当地民众的负面情绪。

04

塔吉克斯坦
能源合作
Tajikistan Energy Cooperation

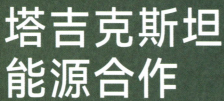

塔吉克斯坦位于中亚东南部，与我国领土接壤，是最早同中国签署共建"一带一路"的国家之一。塔吉克斯坦水能资源极其丰富，是该国主要的电力供应来源，但油气和非水可再生能源的资源禀赋并不出色。在塔吉克斯坦"四个十"电力发展目标的驱动下，中塔两国的绿色能源合作将不断推进，能源结构多样化、电力外送通道建设、基础设施升级改造等领域的合作机会将不断涌现。

能源行业基本情况

1.1
能源资源

煤炭储量十分丰富，油气资源贫乏

　　塔吉克斯坦煤炭资源丰富，根据塔吉克斯坦工业与新技术部公布的数据，塔吉克斯坦共有 21 处煤炭矿床，煤种包括褐煤、烟煤和无烟煤等，总储量约 36 亿吨，其中高热值煤炭的工业储量约为 3172 万吨，占比为 8.8%。煤炭储量主要分布在两个大型煤田中，分别是北部的舒拉博（Shurab）煤田和西部的范 - 亚戈诺布（Fan-Yagnob）煤田。

　　塔吉克斯坦油气探明储量很少，但根据塔吉克斯坦地质部门数据，塔吉克斯坦预计可采石油资源量为 2200 万吨，天然气资源量为 34 亿立方米。80% 的储量位于塔吉克斯坦东南部地区，其余 20% 位于北部地区。目前，塔吉克斯坦没有公布过原油或石油制品的紧急储备量，仅进口商和销售商拥有部分商业储备。

水资源丰富，开发程度较低

　　塔吉克斯坦水资源丰富，90% 以上的土地属于河流形成区，境内共 947 条河流，总长度达到 28500 千米；湖泊 1300 个，超过 70% 位于海拔 3500 米以上的帕米尔 - 阿莱山脉。塔吉克斯坦的年平均降水量约为 760 毫米，从该国南部部分地区的 100 毫米到帕米尔高原的 2400 毫米不等。

　　水电方面，塔吉克斯坦每年水电发电潜力为 527 太瓦时，排名全球第八，但目前年均水力发电量仅为 16.5 太瓦时左右，仅占发电潜力的 3%。

非水可再生能源资源较好，但受地形影响开发潜力不高

　　塔年均晴天数为 280 天 -330 天，太阳能总辐射量在 1500 千瓦 / 平方米 -1900 千瓦 / 平方米，潜在发电量预计达到 25 太瓦时 / 年，潜在利用小时数为 2100 小时 / 年 -3000 小时 / 年，东部高山区域和西南部太阳能资源较好。然而，由于境内大部分区域为山地地形，海拔较高，

地势陡峭，难以布置大型光伏电站项目，只有一些小型的居民光伏项目。根据塔吉克斯坦能源部数据，太阳能的开发潜力达到 33.52 亿吨标准油，但技术开发潜力仅有 274 万吨标准油，经济开发潜力仅有 104 万吨标准油。

图 1-1 塔吉克斯坦太阳能资源分布

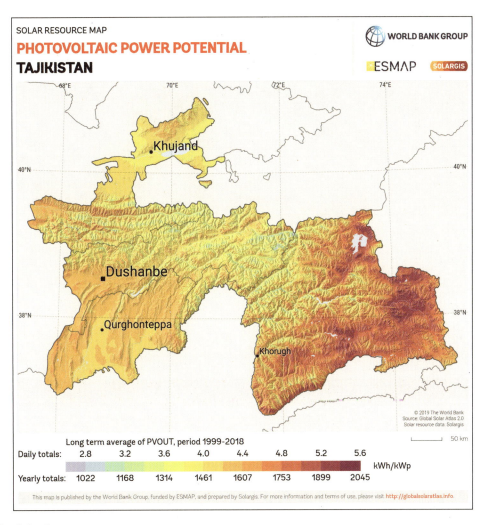

数据来源：Solargis

塔吉克斯坦平均风速可达 7 米 / 秒 -9 米 / 秒，风能资源主要分布在北部和东南部山区。然而，同样受地形因素制约，大规模风电开发受限。根据塔吉克斯坦能源部数据，风能开发潜力为 1141 万吨标准油，技术开发潜力为 708 万吨标准油，经济开发潜力为 354 万吨标准油。

图 1-2 塔吉克斯坦 100 米高度风资源分布

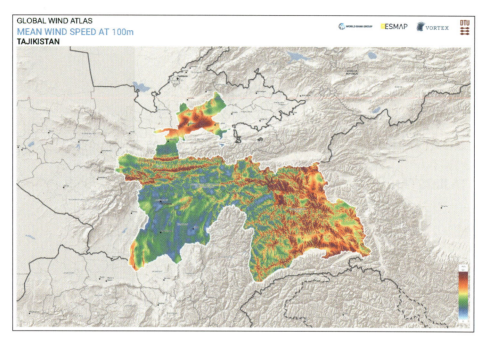

数据来源：GlobalWindAtlas

　　此外，塔吉克斯坦生物质能开发潜力为 297 万吨标准油，地热能开发潜力为 3 万吨标准油。

表 1-1 塔吉克斯坦可再生能源开发潜力（单位：百万吨标准油）

	总开发潜力	技术开发潜力	经济开发潜力
太阳能	3352.55	2.74	1.04
风能	11.41	7.08	3.54
生物质能	2.97	2.97	0.78
地热能	0.03	0.03	0.03

数据来源：塔吉克斯坦能源部

1.2
能源供应

能源生产以水能和煤炭为主

近年来，塔吉克斯坦一次能源供应较为稳定，主要依赖水电和煤炭，石油和天然气的占比都较小，化石燃料在能源供应中的占比约为 40%，低于世界平均水平。2021 年，塔吉克斯坦一次能源生产总量约为 270 万吨标准油，其中约 62% 来自于水电。

图 1-3 塔吉克斯坦 2010-2021 年能源生产总量

数据来源：国际能源署

煤炭产量增速较快

近十年来，塔吉克斯坦煤炭产量呈快速上升趋势，2021 年年产量达到 237 万吨，较 2010 年上升了近 10 倍，在能源总产量中的占比从 2010 年的 5% 上升至 2020 年的 37%。

图 1-4 塔吉克斯坦 2010-2021 年煤炭产量及增速

数据来源：塔吉克斯坦工业及新技术部，Khovar

　　煤炭产量的稳步增长与政府的规划支持息息相关，2019 年发布的《2040 年前煤炭行业发展计划》提出鼓励煤炭行业竞争性发展，为煤炭行业创造更好的投资环境。目前，塔吉克斯坦煤炭行业中 45% 为私营企业，业内充分使用现代化机械设备，为煤炭产量的快速增长打下了基础。

1.3
能源消费

电力消费在能源消费结构中的比重突出

　　2021 年，塔吉克斯坦终端能源消费总量约为 335 万吨标准油，近十年年均增速约为 5%，能源消费呈现缓慢上升的趋势。电力消费在塔吉克斯坦终端能源消费中的比例达到 43%，位于世界前列，其主要原因是国内水电资源丰富，提高了工业和居民领域电气化程度。天然气占能源消费的比重一直较低，2019 年乌兹别克斯坦恢复对塔吉克斯坦天然气出口后，塔吉克斯坦国内天然气消费占比开始逐步上升。

图 1-5 塔吉克斯坦分品种能源消费结构

数据来源：国际能源署

居民消费与工业消费比重较大

塔吉克斯坦居民和工业在能源消费结构中的比重较大，2021 年居民消费占比达到 33%，工业消费占比达到 20%。商业与公共服务的占比较小，仅为 9%。交通用能占比为 15%，液化天然气是塔机动车最主要的燃料之一，50%-60% 的汽车使用液化气燃料。

图 1-6 塔吉克斯坦分行业能源消费结构

数据来源：国际能源署

值得注意的是，塔吉克铝业公司（TALCO）是塔吉克斯坦消费大户，用电量接近塔吉克斯坦全国电力消费总量的 16%（2017 年数据），用气量接近塔吉克斯坦全国天然气消费总量的 28%（2011 年数据）。

二　电力行业基本情况

2.1
电力供应

> **电力供应 90% 依赖水电**

　　塔吉克斯坦电力装机总量为 5.81 吉瓦，其中水电装机容量为 5.17 吉瓦，占比达到 89%，火电装机容量为 598 兆瓦，占比约为 10%。目前，塔水电发展中最重要的在建项目是罗贡水电站（Rogun HPP），其规划中的 6 个机组仅有两个机组投运，全面建成后装机容量将达到 3.6 吉瓦，进一步扩大了塔吉克斯坦水电装机容量。

表 2-1 塔吉克斯坦 2020 年电力装机容量

电站名称	类型	机组数量	装机容量（兆瓦）	可用容量（兆瓦）	年均发电量（吉瓦时）
Nurek	水电站	9	3000	2400	13465
Baypaza	水电站	4	600	450	2732
Vaksh 河梯级水电站			285	214	1298
Golovnaya		6			
Perepadnaya		3			
Central		2			
Varzob 河梯级水电站			27	7	52
Varzob-1		2			
Varzob-2		2			
Varzob-3		2			
Kayrakkum	水电站	6	126	120	864
Sangtuda-1	水电站	4	670	670	2184
Sangtuda-2	水电站	2	220	220	1000
Rogun	水电站	2	240	240	1600
Dushanbe-1 热电联产	火电站	1	198	42	32

表 2-1 塔吉克斯坦 2020 年电力装机容量

电站名称	类型	机组数量	装机容量（兆瓦）	可用容量（兆瓦）	年均发电量（吉瓦时）
Dushanbe-2 热电联产		4	400	400	1001
帕米尔能源			44		179
总量			**5810**	**4763**	**24407**
其中：	水电站		5168	4321	23195
	火电站		598	442	1212

数据来源：国际能源署

　　2021 年，塔吉克斯坦发电总量为 20.6 太瓦时，90% 来自水电，8% 来自煤炭，2% 来自天然气。虽然火力发电总量较低，但近几年增长速度加快，主要增量为燃煤发电，2014-2021年增长了近 36 倍；自 2018 年乌兹别克斯坦恢复对塔吉克斯坦供气后，天然气发电也呈现快速增长。

图 2-1 塔吉克斯坦 2010-2021 年发电量与结构变化

数据来源：国际能源署、塔吉克斯坦能源与水利部

塔电力供应受季节性影响加大，冬季电力供应安全问题显著

　　塔吉克斯坦现有电力基础设施年代久远，国内主要水电站大多建设于苏联时期，亟须修缮与升级。另一方面，塔电力供应以水电为主，供应安全受到季节因素影响较大，冬季水力发电能力取决于水电站的水库蓄水量。目前，塔冬季约有 100 万人无法获取可靠的电力供应[1]。世界银行 2012 年的报告显示，冬季电力供应缺口约为供应总量的 24%，多数家庭只能通过燃烧木材、煤炭等固体燃料用于供暖[2]。

[1] IEA.2022, Tajikistan Energy Sector Review 2022
[2] World Bank. 2012. Tajikistan's Winter Energy Crisis: Electricity Supply and Demand Alternatives.

表 2-2 2021 年冬季塔吉克斯坦出现停电现象

2021 年 11 月，塔吉克斯坦卫星通讯社报道，除帕米尔能源公司供电的戈尔诺 - 巴达赫尚自治州外，塔吉克斯坦几乎所有地区都出现了停电现象。

对此，塔吉克电力公司发言人表示，随着居民供暖与烹饪方面对电力需求的增加，冬季居民用电需求达到发电总量的 50%。而水力发电占塔吉克斯坦能源结构的 90% 以上，塔冬季水力发电能力取决于水电站的水库蓄水量，但近两年供电所需的水资源出现短缺。自 1932 年以来，瓦赫什河（Vakhsh）每隔 12-13 年就会进入低水位周期，目前正处于新一轮低水位周期中。努列克（Nurek）水电站是塔吉克斯坦主要电力来源，其水库理想蓄水高度为 857 米—910 米，但当时的水位仅有 53 米。

塔吉克电力公司正在通过新建和改造电站保障塔冬季电力供应。桑格图达（Sangtuda）1 号、2 号水电站和杜尚别热电中心的建设，都将进一步缓解冬季电力短缺问题。但是，该发言人表示，在罗贡水电站完全建成并投运前，塔吉克斯坦电力供应仍将受到较大的季节性影响。

据了解，塔吉克斯坦曾在 2008 年 10 月开始在冬季实行限电措施，直到 2017 年 1 月塔吉克斯坦总统宣布已解决电力短缺问题，未来不再采取限电措施。

▍典型的电力净出口国，丰水期电力出口较大

塔吉克斯坦夏季水电发电量大，能够大量出口至周边国家。2021 年，塔吉克斯坦电力出口总量为 3.3 太瓦时，丰水期（5-9 月）出口量最大，月平均出口量达到 5200 吉瓦时；进口总量为 883.3 吉瓦时，冬季和夏季出现进口双高峰，夏季电力需求主要来源于农业灌溉用电，而冬季用电需求主要来自于供暖。

图 2-2 塔吉克斯坦 2021 年电力进出口情况

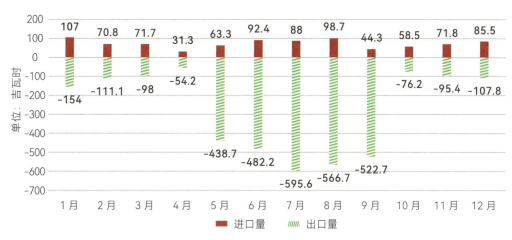

数据来源：塔吉克斯坦统计局

2.2
电力消费

> **电力消费总量缓慢上升，居民消费占比最高**

2021 年，塔吉克斯坦电力消费总量为 16.4 太瓦时，近五年年均增速约为 2.9 %。其中，居民用电量占比最高，达到 44%，较 2015 年上升了约 40%。商业与公共设施用电则上升了近两倍，工业用电和农业用电近几年呈下降趋势，工业用电较 2015 年降低了约 29%，农业用电近五年下降了约 32%。

图 2-3 塔吉克斯坦分行业用电量

数据来源：国际能源署

2.3
电力输送

国内主干网"西密东疏"

塔吉克斯坦已经基本实现了电力全国覆盖，电力供应主要分为五个大区：苏格德省（Sughd）、哈特隆州（Khatlon）、杜尚别（Dushanbe）及周边地区、共和国附属区（District of Republic Subordination) 和戈尔诺 - 巴达赫尚自治区（Gorno-Badakhshan）。前四个地区的电网由塔吉克电力公司管理，输电线路较为密集；戈尔诺 - 巴达赫尚自治区面积占国家领土的 45%，但由于大部分属于高原山地地区，人口不到总人口的 3%，输电线路较少，由帕米尔能源公司（Pamir Energy）管理。

塔吉克斯坦西部主电网包括 500kV、220kV 和 110kV 三种电压等级。其中，500kV 级变电站 4 座、架空电线 490 千米；220kV 级变电站 26 座、架空电线 1327 千米；110 kV 级变电站 156 座，架空电线 29,997 千米。

图 2-4 塔吉克斯坦西部主电网情况

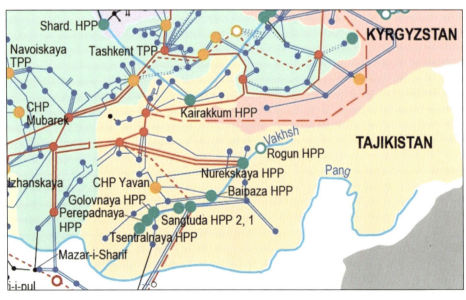

数据来源：国际能源署

戈尔诺 - 巴达赫尚自治区电网总长度为 2609 千米，由 13 座 30/10kV 配电站和 35kV 和 10kV 电压等级的配电线路组成。戈尔诺 - 巴达赫尚自治区与南部的哈特隆州通过一条 35kV 线路相连，东西电网之间连接较弱。

图 2-5 戈尔诺 - 巴达赫尚自治区电网情况

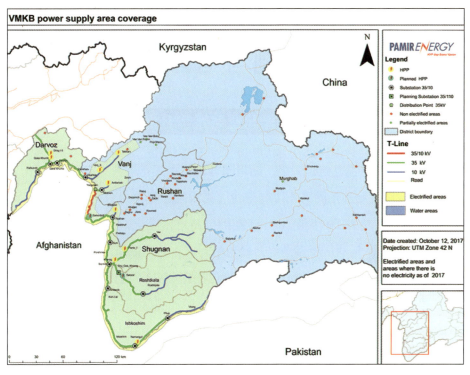

数据来源：帕米尔能源公司

计划加强与南亚电网互联，扩大电力出口规模

目前塔吉克斯坦与周边三个国家电网互联。西面与乌兹别克斯坦电网通过 2 条 500kV 线路、4 条 220kV 线路互联，塔乌电力交易曾于 2009 年中断，2018 年恢复。北面与吉尔吉斯坦电网通过 1 条 220kV 线路互联。南面与阿富汗电网通过 2 条 220kV 线路、1 条 110kV 线路互联，最高允许外送电力约 400MW。为增加向乌兹别克斯坦电力出口能力，塔吉克斯坦正筹备一条 220kV 输电线路。塔吉克斯坦也计划于 2023 年经乌兹别克斯坦重新连接至中亚统一电网，从而参与区域电力市场交易。

另外，塔正全力推动中亚—南亚输电项目 CASA-1000 输变电项目，项目将连接吉尔吉斯斯坦、塔吉克斯坦、阿富汗、巴基斯坦四国电力网，有助于塔吉克斯坦向阿富汗和巴基斯坦出口过剩水电，政府计划到 2030 年向巴基斯坦出口 3 太瓦时电力。

2.4
电力体制与电力价格

国有电力公司已进行重组，发输配业务逐步分离

2021 年前，塔吉克斯坦发电、输电、配电和零售均由国有塔吉克电力公司（OJSC Barqi Tojik）垂直管理。2011 年颁布的第 431 号法令《重组塔吉克电力公司独立计划》和 2018 年的第 234 号决议确定了在 2019 年至 2021 年期间要将塔吉克电力公司重组为三家独立公司。目前，输电和配电业务已分别从塔吉克电力公司中剥离，分别由新成立的 OJSC Shabakahoi Intiqoli Barq 和 Shabakahoi Taqsimoti Barq 管理，自 2021 年起投入运营。发电资产仍由塔吉克电力公司管理。位于东部山地的戈尔诺 - 巴达赫尚自治州发电、输电、配电和零售则由公私合营的帕米尔能源公司（Pamir Energy）负责运营。

电力价格处于全球较低水平，不能覆盖发电成本

塔吉克斯坦电价由塔吉克电力公司根据成本计算后，与政府反垄断组织商定并由政府审批。针对不同类型的电力用户，电价各有不同。塔吉克斯坦政府为居民用电、农业用电以及铝业公司等大型电力用户提供补贴，电价在全球范围内一直处于较低水平，多年来都未超过塔吉克电力公司的发电成本，目前塔吉克电力公司负债总额已达到 29 亿美元。此外，过低的电价也不利于吸引外资进入电力行业。

直至 2022 年 8 月 31 日，政府决议宣布提高用电价格。公共设施与居民用电价格由 22.66 迪拉姆[1]/ 千瓦时上调至 26.51 迪拉姆 / 千瓦时，涨幅达到 16.9%；工业与商业用户电价由 55.14 迪拉姆上调至 60.55 迪拉姆，涨幅约 10%。目前，政府正在考虑制定新的电力计价方式，同时设立独立监管机构来监管电力价格，从而覆盖发电和输配电的成本。

---

[1] 迪拉姆为塔吉克斯坦辅币，1 索莫尼 =100 迪拉姆。

表 2-3 塔吉克斯坦电力价格（单位：美分 / 千瓦时；1 塔吉克索莫尼 =0.098 美元）

电力用户类型	2019 年电价	2022 年电价
工业与商业用户	5.40	5.94
塔吉克冶金厂		
5 月 1 日至 9 月 30 日	0.95	1.04
10 月 1 日至 4 月 30 日	5.40	5.94
国有塔吉克铝业公司（TALCO）		
5 月 1 日至 9 月 30 日	0.71	0.71
10 月 1 日至 4 月 30 日	1.16	1.16
政府拨款的公共设施	2.22	2.60
灌溉与农业泵站		
4 月 1 日至 9 月 30 日	0.77	0.90
10 月 1 日至 3 月 31 日	2.22	2.60
垂直灌溉与土壤改良泵站	0.77	0.90
饮用水供给泵和污水泵站	1.05	1.23
居民	2.22	2.60
供暖用电锅炉	13.39	13.39
非政府拨款的教育机构	3.26	4.46

数据来源：本报告根据塔吉克政府决议整理

2.5
可再生能源

风电和光伏发电难以规模化发展

　　由于国内电力供应大部分依赖水电，可再生能源在塔吉克斯坦终端能源消费中的份额位居世界前列。但是，受制于地形条件影响，塔吉克斯坦风电和光伏技术开发潜力较低，在中亚国家中属于较低水平，难以实现规模化部署。

生物质能具有较大发展潜力

根据塔吉克斯坦 2016 年关于能源利用的研究，家庭用能对固体生物质能（以薪材为主）的依赖程度也较高，消费量或能达到 124 万吨标准油。加上塔吉克斯坦生物质资源丰富，未来应用潜力较大。

三 能源电力发展展望

根据《塔吉克斯坦 2030 年前国家发展战略》(The National Development Strategy of the Republic of Tajikistan for the Period up to 2030，以下简称"2030 战略"），能源安全是塔吉克斯坦未来经济发展四大任务之一，能源独立则是该战略的重要目标。

大力推动煤炭等化石能源发展

塔吉克斯坦 2030 战略针对未来展望提出了两个发展场景，分别为"工业场景"与"工业创新场景"，后者的经济增长和社会发展速度总体较快。在两个场景中，2030 战略都为化石能源的产量设定了较高目标，其中，煤炭的计划增长量最大。在工业场景下，煤炭产量将从 2015 年的 104 万吨上升至 2030 年的 1040 万吨；在工业创新场景下，煤炭产量将上升至 1510 万吨，增量将达到 2015 年的 10 倍。

图 3-1 塔吉克斯坦化石能源产量规划

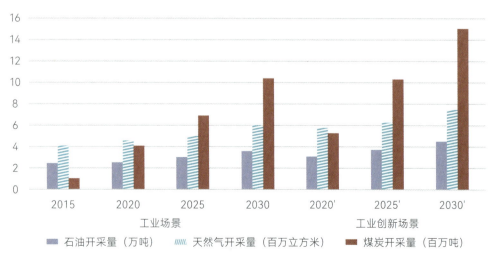

数据来源：塔吉克斯坦 2030 年前国家发展战略

2019 年，塔吉克斯坦发布《2040 年前煤炭行业发展计划》，高度重视煤炭行业的稳定发展和技术现代化。该计划鼓励发展竞争性煤炭市场，激发更多私营企业的积极性，创造有利的投资条件，从而提高煤炭和煤炭产品的国内消费和出口。

水电仍是未来发展重点

塔吉克斯坦电力发展遵循"10/10/10/10"概念，具体包括：

1. 电力系统总装机容量新增至 10 吉瓦；

2. 年均电力出口量达到 10 太瓦时；

3. 实现电力系统多样化，力争煤炭、石油、天然气以及非水可再生能源电力装机容量达到 10%；

4. 电网损耗降低至 10%。

塔吉克斯坦 2030 战略设定了"工业场景"与"工业创新场景"下的发电量增长计划，在工业创新场景下，塔总发电量将从 2015 年的 17.1 太瓦时上升至 2030 年的 45 太瓦时，增长163%，其中水力发电将达到 41.6 太瓦时。未来十年内，大力建设水电站仍将是作为国民经济发展的优先领域。

图 3-2 塔吉克斯坦水力发电量和发电总量规划

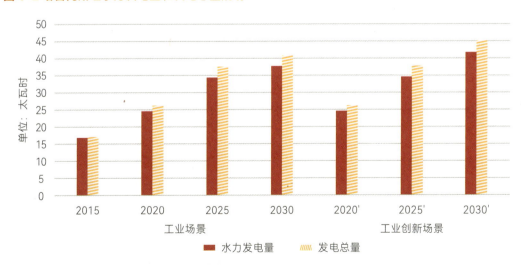

数据来源：塔吉克斯坦 2030 年前国家发展战略

根据塔吉克斯坦阿维斯塔通讯社报道，目前塔吉克斯坦正在实施的国家电力投资项目共18 个，总投资额约 14.69 亿美元。政府计划通过落实一系列电力项目，包括罗贡水电站建设项目，努列克（Nurek）、萨尔班德、凯拉库姆（Kayrakkum）等水电站技术改造项目，以及小型风电和光伏项目，在 2030 年前将全国发电装机总量提高到 10 吉瓦。

中国-塔吉克斯坦能源合作

4.1
合作现状

油气合作

2013 年 6 月，中国石油天然气集团公司与塔吉克斯坦能源工业部、道达尔公司（TOTAL）、克能石油公司（TETHYS）在塔吉克斯坦首都杜尚别共同签署塔吉克斯坦伯格达（BOKHTAR）区块项目油气合作交割协议，完成项目交割，标志着中国与塔吉克斯坦油气合作进入实质阶段。中国石油和道达尔公司分别拥有 33.335% 的权益，克能石油公司占权益的 33.33%。伯格达区块位于阿姆达林盆地（Amu Darya Basin）东部，总面积约 3.48 万平方公里，天然气勘探前景良好。

中亚天然气管道 D 线起自土库曼斯坦，经乌兹别克斯坦、塔吉克斯坦、吉尔吉斯斯坦到达中国新疆乌恰县，管道全线长 1000 公里，其中境外段长 840 公里。2014 年 9 月 13 日，在中塔两国元首的见证下，中亚天然气管道 D 线塔吉克斯坦段开工建设，全面建成完工后将实现 300 亿方 / 年输气能力，中亚天然气管道的整体输气能力将达到 850 亿方 / 年。

电力合作

中资企业在塔吉克斯坦积极参与电力基础设施建设，特变电工集团承建的 500kV 南北输变电、北部供电系统联网、200kV 艾尼 - 鲁达基输变电、杜尚别两座热电厂建设、直辖区电网 500kV 高压输变电及列加尔 500kV 变电站改造等项目，中国电建参与的格里夫纳水电站技改、努列克电站水机设备修复等项目，帮助塔吉克斯坦实现了全国电网联通，解决了供电不平衡和出口受限等掣肘问题。

4.2
合作展望

参与塔吉克斯坦电力外送通道新建项目

塔吉克斯坦电力盈余枯缺现象严重，丰水期水电发电难以就地消纳，枯水期仍面临电力短缺问题。根据塔吉克斯坦 2030 战略，塔吉克斯坦计划到 2030 年年均电力出口量达到 10 太瓦时，规模较目前增加幅度较大。除建设本国水电外，仍需同步推动电力外送线路的建设。中资企业可考虑参与塔吉克斯坦与乌兹别克斯坦、哈萨克斯坦、阿富汗、巴基斯坦等周边国家的电力外送通道建设。

依托现有水电站探索开发水面光伏项目

根据塔吉克斯坦 2030 战略，未来能源结构仍将以水电为主，化石能源以及非水可再生能源电力装机容量占比目标仅为 10%，电源结构较为单一。为保障能源季节性供应安全，可结合现有水电站开展水光互补研究，推动开发水面光伏项目。

05

哈萨克斯坦
能源合作
Kazakhstan Energy Cooperation

　　哈萨克斯坦地处欧亚大陆的中心地带，是中亚的关键枢纽，与中国领土接壤并建立了全面战略伙伴关系。哈萨克斯坦油气资源丰富，能源结构仍以化石能源为主。中哈两国的经济结构和发展战略有着很强的互补性，能源合作总体发展势头良好。鉴于哈萨克斯坦拥有较为优质的风能、太阳能资源，电力仍存在缺口，中哈两国未来在新能源、电网升级改造等领域将不断释放合作潜能。

能源行业基本情况

1.1

能源资源

化石能源储量丰富，煤炭、石油资源位居全球前列

煤炭。哈萨克斯坦已探明煤炭储量约 256.1 亿吨，位列全球第 8，占世界总储量的 4%。全国已探明和开采的煤田 100 个，其中大部分煤田分布在哈萨克斯坦中部（卡拉干达、埃基巴斯图兹和舒巴尔科里煤田）、北部（图尔盖煤田）和东部（东哈州区域煤田）。

天然气。哈萨克斯坦已探明天然气储量为 2.3 万亿立方米。哈萨克斯坦 81% 的天然气生产来自于卡沙甘、卡拉恰甘纳克和田吉兹三个天然气项目。2021 年，哈萨克斯坦天然气产量约为 540 亿立方米，出口量 77 亿立方米。

石油。哈萨克斯坦已探明石油储量为 300 亿桶，占世界石油总储量的 1.8%，居第 12 位。按目前的产量水平，还可开采 50 年左右。另外，哈萨克斯坦属里海的石油总储量约 1010 亿桶 ~1096 亿桶，约占整个里海地区储量的 50%。哈萨克斯坦约有 80 个油田处于开采状态，在哈萨克斯坦石油天然气部登记的开采合同超过 200 个，哈萨克斯坦石油产量尚未达到峰值。

> 田吉兹油田生产石油 2650 万吨，天然气 145 亿立方米。田吉兹油田正在实施总价值 452 亿美元的扩产项目，可将石油年产量提高 1200 万吨，计划于 2023 年竣工投产。
>
> 卡沙甘油田生产石油 1590 万吨，天然气 97 亿立方米。卡沙甘油田正在建设天然气加工厂，未来每年可增加天然气产量 30 亿立方米，石油年产量从 1600 万吨提高至 2000 万吨。
>
> 卡拉恰甘纳克油田生产石油 1160 万吨，天然气 187 亿立方米。目前，卡拉恰甘纳克油田正在实施一系列稳定项目，确保将石油年产量维持在 1100 万吨 -1200 万吨。

太阳能、风能资源丰富，开发潜力巨大

风能。 哈萨克斯坦地处北半球的风带地区，拥有强对流气候，风能潜力巨大，哈萨克斯坦全域 50% 的地区年均风速为 4 米 / 秒 ~5 米 / 秒，超过 10 个州的平均风速为 8 米 / 秒 ~10 米 / 秒，哈萨克斯坦风能技术可开发潜力为 8.1 太瓦。

图 1-1 哈萨克斯坦风能资源分布

数据来源：世界银行、GlobalWindAtlas

太阳能。 哈萨克斯坦拥有良好的太阳能资源，日照所产生的能量为平均每天 3.6 千瓦时 / 平方米 ~4.6 千瓦时 / 平方米，光伏发电利用小时数为 1300 小时 / 年 -1800 小时 / 年，哈萨克斯坦太阳能可开发量为 54 太瓦。

图 1-2 哈萨克斯坦太阳能资源分布

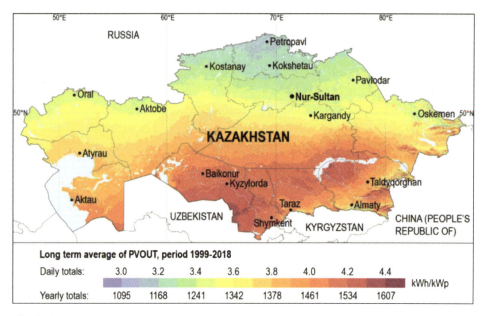

数据来源：世界银行、Solargis

　　水能。哈萨克斯坦境内约有 8.5 万条河流，其中长度超过 10 公里的河流有 8000 多条。哈萨克斯坦水力资源蕴藏量约为 172.6 太瓦时，水电技术可开发量约 15.5 吉瓦，其主要的水能发电资源集中在东部和东南部地区。

图 1-3 哈萨克斯坦水系分布图

数据来源：哈萨克斯坦农业部

1.2
能源供应

能源生产总量呈现降低的趋势

2021 年，哈萨克斯坦全社会一次能源生产总量约为 16269 万吨标准油。2018 年以来，哈能源生产总量呈现逐年下降趋势。煤炭和石油产量出现萎缩，天然气生产总量维持稳中有升态势，可再生能源生产总量绝对值不高，但增幅明显。

图 1-4 2016-2021 哈萨克斯坦一次能源生产总量

数据来源：英国石油公司 2022

能源生产基本为化石能源

2021 年，哈萨克斯坦一次能源生产主要包括石油、煤炭、天然气、水能、生物质能、风能和太阳能等，化石能源占比约 99.31%。其中，石油生产总量最高，超过一次能源生产总量的 50%；煤炭生产约占一次能源生产总量的 25%；天然气生产约占一次能源生产总量的 16.55%。

图 1-5 哈萨克斯坦 2021 年一次能源供应结构

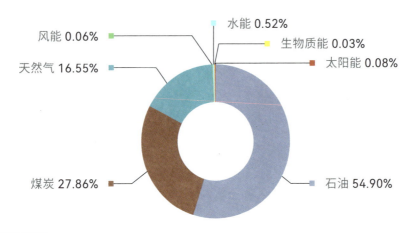

数据来源：国际能源署

煤炭产能以优质烟煤为主

　　哈萨克斯坦煤炭大多分布于中部和北部地区地表附近的厚煤层中，因此开采起来相对便宜。哈萨克斯坦煤炭热值高、硫分低、灰分低，优质烟煤的占比高。2020 年，哈萨克斯坦的煤炭产量达到 1.09 亿吨，基本与 2019 年持平，哈萨克斯坦煤炭产量显然并未受新冠疫情的影响而显著下降。哈萨克斯坦约 20% 的煤炭用于出口，哈萨克斯坦煤炭的主要出口国家为俄罗斯、白俄罗斯、乌克兰、吉尔吉斯、乌兹别克斯坦等，俄罗斯占其出口总量的 80% 以上。

图 1-6 2016-2020 年哈萨克斯坦煤炭生产总量

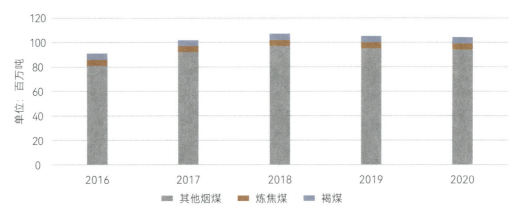

数据来源：国际能源署

图 1-7 2016-2020 年哈萨克斯坦煤炭出口量

数据来源：国际能源署

能源自给率高，是化石燃料净出口国

　　哈萨克斯坦是化石燃料净出口国，能源自给率水平较高。过去五年，哈萨克斯坦能源生产总量基本维持在本国用量的 2.5 倍左右。2020 年，哈萨克斯坦石油自给率约为 737%，煤炭自给率约为 136%，天然气自给率约为 131%。2016-2021 年，平均能源自给率约为 240.37%。

图 1-8 2016-2021 年哈萨克斯坦能源自给率（按能源品种分类）

1.3
能源消费

受疫情影响，能源消费增速由正转负

　　由于哈萨克斯坦稳定的政治局势，坚持奉行积极吸引外资政策，近年来持续加大对大型企业的现代化改造，加快发展经济特区和工业区，大力发展运输业，哈萨克斯坦一次能源消费总量维持较高的增速，2016-2019 年的年均增速达到了 5.1%。2020 年以来，受新冠疫情、国际油价下跌的双重影响，哈萨克斯坦能源消费出现了明显的负增长，2020 年同比下降 4.9%，2021 年下降速度有所放缓。

图 1-9 2016–2021 年哈萨克斯坦一次能源消费总量和增长速度

数据来源：英国石油公司 2022

　　2021 年，哈萨克斯坦一次能源年人均消费量为 3.59 吨标油，较 2018 年下降了约 10%，但仍显著高于全球平均水平（1.45 吨标油 / 人 / 年）。

图 1-10 哈萨克斯坦人均一次能源消费总量和增长速度

数据来源：英国石油公司 2022

居民和交通领域是终端能源消费的主要增长极

分领域来看，哈萨克斯坦居民领域在终端消费的占比最大，2021 年占比约为 34%。由于近年来哈萨克斯坦大力发展道路交通，因此，该国交通领域的能源消费占比呈现稳步增长的态势。

图 1-11 哈萨克斯坦历史终端能源消费结构

数据来源：国际能源署、Enerdata

交通运输、工业行业对石油产品的需求量较大

柴油在哈石油产品需求中的占比为 47%，燃油占比为 23%，沥青占比约为 19%，主要用于道路建设。哈萨克斯坦工业部门，尤其是钢铁、采矿和采石以及建筑等行业的石油需求占2021 年石油产品总需求的 15%。近年来，交通行业用油需求逐步增多，占比超过 60%。

图 1-12 哈萨克斯坦 2016-2021 年石油消费（按行业分类）

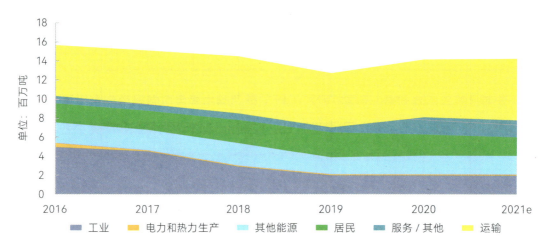

数据来源：国际能源署

过去十年，国内天然气消费量翻了一番

2010 年，哈萨克斯坦国内天然气消费量为 90 亿立方米，2020 年提升至约 180 亿立方米左右，10 年间天然气消费量翻了一番。电力和热力生产是天然气的主要用途之一，占到全国天然气总消费量的 42%。根据哈萨克斯坦政府预测，到 2025 年，国内天然气消费量预计将达到 257 亿立方米，到 2030 年将达到 302 亿立方米。

图 1-13 哈萨克斯坦 2010 与 2021 年天然气消费对比图（按行业分类）

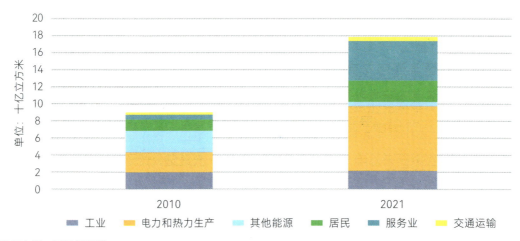

数据来源：国际能源署

1.4
能源进出口

中亚最大的石油生产国和出口国

　　哈萨克斯坦油气资源出口占其外汇收入的 50%，约为哈萨克斯坦国内生产总值的 21%。2021 年，哈萨克斯坦石油生产总量约为 8570 万吨，出口量约为 6760 万吨，约 80% 的石油都会出口到其他国家。哈萨克斯坦几乎所有的出口石油都经过俄罗斯。哈萨克斯坦出口石油主要经过里海管道联盟 (CPC) 的管道送达俄罗斯新罗西斯克（Novorossiysk）的黑海港口，还通过中哈原油管道每年向中国输送原油 1000 万吨。此外，还会用油轮运输少量石油，石油经过里海送达阿塞拜疆，再进入巴库 - 第比利斯 - 杰伊汉（Baku-Tbilisi-Ceyhan pipeline）管道。2022 年 3 月开始的俄乌冲突严重影响了哈萨克斯坦石油出口。

图 1-14 2016–2021 年哈萨克斯坦石油生产情况

数据来源：国际能源署

图 1-15 哈萨克斯坦石油出口地区

数据来源：国际能源署

天然气出口方向相对多元化

　　哈萨克斯坦近 60% 的天然气出口至非独联体国家，主要出口国为中国、瑞士、乌克兰、吉尔吉斯斯坦、德国等，中国是哈萨克斯坦天然气的主要出口目的地，主要为管道气形式。近年来，哈萨克斯坦向中国输气量呈上升趋势，2021 年已接近 100 亿立方米 / 年。出口路线的多样化降低了天然气出口的风险，为哈萨克斯坦提供了稳定的收入来源。

图 1-16 哈萨克斯坦天然气出口地区

数据来源：国际能源署

1.5
能源碳排放

人均排放量显著偏高，降碳减排压力较大

哈萨克斯坦是全球碳排放量最高的 30 个国家之一，人均碳排放量居全球前 10 位。哈萨克斯坦碳排放主要来自能源领域，占比高达 82%。目前，哈萨克斯坦碳减排整治工作集中在高排放企业，这些企业约占该国碳排放总量的 43%。近年来，哈萨克斯坦高度关注碳减排工作，自 2018 以来，哈萨克斯坦二氧化碳排放量已呈现逐年下降的趋势。2021 年，哈萨克斯坦二氧化碳排放量接近 2.89 亿吨，与 2016 年的二氧化碳排放量基本持平。2021 年，哈萨克斯坦已将碳排放配额缩减了 1.5%，并计划在未来 8 年中，每年缩减 2%，10 年内将累计缩减 20%。哈萨克斯坦是全球率先签署《巴黎协定》的国家之一，承诺到 2030 年将温室气体排放量减少 15%。

哈萨克斯坦与《巴黎协定》

为实现到 2030 年将温室气体排放量减少 15% 的目标，更新了国家自主贡献方案，计划到 2030 年将可再生能源发电量占比提高 4 倍，从 3% 提高至 15%；将燃气发电量占比提高一倍，从 20% 提高至 38%；将煤炭发电量占比从 70% 降至 40%。同时，计划到 2025 年前植树 20 亿棵，以提高碳汇能力。

哈萨克斯坦政府计划自 2022 年起采取进一步措施，限制工业企业二氧化碳排放，将企业年度免费碳排放配额总量从目前的 1.69 亿吨降至 1.25 亿吨。2025 年前，碳排放配额总量年均缩减 5.4%。油气、采矿、冶金、化工、电力和建材行业的 128 家企业被纳入监管之列。如果企业碳排放量超过免费配额，可通过交易所或直接向其他配额富余的企业购买额外配额。

中国 - 中亚能源合作报告

121

图 1-17 2016-2021 年哈萨克斯坦 CO_2 排放量

数据来源：Our World in Data

二 电力行业基本情况

2.1
电力供应

火电是主力电源，但火电机组老化严重

2021 年，哈萨克斯坦电力装机为 25.08 吉瓦，同比增长 0.25%。2015 年以来，哈萨克斯坦电力装机总量较为平稳，均在 25 吉瓦左右。从装机结构来看，火电装机比例最高，占比高达 79.1%，水电占比 10.6%，新能源占比 10.3%。

图 2-1 2015-2021 年哈萨克斯坦电力装机总量及增速

数据来源：EIA

图 2-2 2021 年哈萨克斯坦电源装机结构

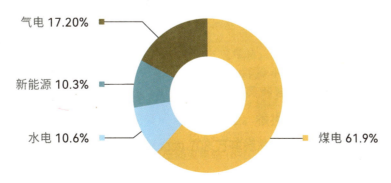

数据来源：EIA

　　哈萨克斯坦大多数火电机组服役均超过 50 年，设备老化损耗严重，全厂热效率基本维持在 34% 左右。由于没有经过环保改造，其火电机组污染物排放标准偏高。

表 2-1 哈萨克斯坦主要国家电站

项目名称	投建日期	机组数量	主机厂家	主机型号	排放指标
埃基巴斯图兹1 号电站	1974 年首台开建1980-1981 年 2-4 机组投运；1982 年 5 号机组投运1996年美国 AES 公司改造3、4 号机组，建设 6、7 号机组；2012 年 8 号机组投运	8×500 兆瓦	苏联机组		2010 年 12 月 5 号机组，2011 年 12 月6 号机组、2012 年4、8 号机组，2013年 3、7 号机组陆续安装过滤装置，致使排气灰尘量从 1500毫克 / 立方米降低至400 毫克 / 立方米
埃基巴斯图兹2 号电站	1979 年投建首台500 兆瓦机组；1993 年 12 月投建 2 号机组；原计划安装 8 台 500 兆瓦蒸汽汽轮机，二号机组投运后，扩建计划取消	2×500 兆瓦	汽轮机厂家Электросила锅炉厂家ЗИО-Подольск	汽轮机：К-500-240-4 ЛМЗ +ТВВ-500锅炉：Пп-1650-250-545/545（П-57Р）	
阿克苏电站	1996 年投运2004-2018 年大修，改造	7×350 兆瓦		锅炉：ПК-39-I-M	
江布尔国家地区供电站	1964 年投运1967 年一期 600 兆瓦完工	6×210 兆瓦	燃机机组（备用燃料重油）	锅炉：ПК-47－3（蒸汽量640t/h）	
卡拉干达国家地区 2 号电站	1973 年投运	4×130 兆瓦	乌拉尔汽轮机厂	汽轮机：Т-100－130锅炉：ТП-81	

数据来源：本报告整理

发电量呈现中速增长

2021 年，哈发电总量 114.4 太瓦时。2015-2021 年发电量增长了 22.8 太瓦时，年均增长 4.5%。

图 2-3 哈萨克斯坦全社会发电量历史情况

数据来源：Our world in data、本报告研究

风、光等可再生能源装机加速增长

近年来，哈萨克斯坦可再生能源装机总量不断扩大，从 2015 年的 2.89 吉瓦增长至 2021 年的 5 吉瓦。近年来，光伏装机和风电装机快速增长，二者在可再生能源装机中的占比从 2015 年的 7.5% 提高至 2021 年的近 50%，逐渐成为哈萨克斯坦可再生能源增长的主要驱动力。

图 2-4 2015-2021 年哈萨克斯坦可再生能源装机结构

数据来源：EIA、本报告研究

2.2
电力消费

电力消费稳步增长，人均用电量高于全球平均水平

　　2021 年，哈萨克斯坦全社会用电量首次超过 100 太瓦时，达到 103.9 太瓦时，同比增长了 5.38%。2015-2021 年，哈萨克斯坦全社会用电量年均增速为 3.7%。2021 年，哈萨克斯坦人均用电量为 5465 千瓦时，同比增长 3.91%，高于全球平均水平。

图 2-5 哈萨克斯 2015-2021 年电力消费总量及增速

数据来源：国际能源署、OurWorldinData、本报告研究

图 2-6 哈萨克斯坦与全球人均用电量对比

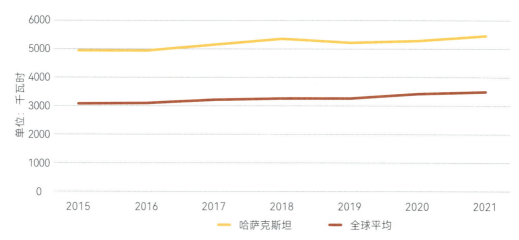

数据来源：国际能源署、本报告研究

工业是电力消费的核心驱动力

从用电结构来看，哈萨克斯坦工业用电占比最高，常年保持在 60% 以上，18 家最大的工业企业电力消费占全国总电量的三分之一左右。居民、商业和公共服务用电占比较为稳定，分别占比 20%、10% 左右。哈萨克斯坦家庭用电明显低于欧洲，主要是由于哈萨克斯坦电气设备的普及率较低，且多使用集中供暖。

图 2-7 2015-2021 年哈萨克斯坦电力消费结构

数据来源：国际能源署、本报告研究

2.3
电力输送

国内输配电网覆盖面广，但网架潮流阻塞问题显现

哈萨克斯坦主干网属于"中亚统一电力"系统的组成部分，其中绝大部分由"萨姆鲁克 - 卡泽纳"国家基金控股的国家电网控制，国家电网由 2.6 万多公里的架空输电线路组成，包括 14899 公里的 220kV 线路、1863 公里的 330kV 线路、8288 公里的 500kV 线路和 1421 公里的 150kV 线路。哈萨克斯坦电力系统包含 81 个 35kV~1140kV 的变电站，变压器装机容量为 38746 兆伏安。

图 2-8 哈萨克斯坦电网地理接线示意图

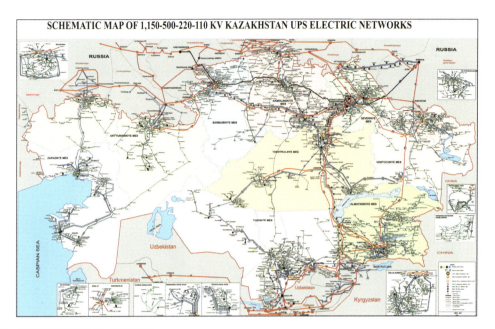

数据来源：国家电网管理公司（KEGOC）

　　哈萨克斯坦电力系统主要分为北部、南部和西部区，由于资源分布不均，火电厂主要集中在煤炭资源富集的北部地区，负荷主要集中在南部城市地区，需要通过长距离大规模的北电南送保障全国的电力供应。北电南送潮流较重，进一步增加潮流将引起系统安稳问题。

电网设备严重老化，导致网损较高

　　哈萨克斯坦从 20 世纪 60 年代开始集中建设国家主干电网，近四十年的时间里，多数在运行输变电设施已年久失修，故障频繁，输电线路和设备的折旧率达到 70%-80%。哈萨克斯坦国内近三分之一的低压电网已超过使用寿命，需要改造和更新。阿拉木图地区很多线路上还在使用 20 世纪 50 年代架设的木质电线杆，需要大批更换。

　　哈萨克斯坦电力系统的长距离传输加剧了传输损耗，据统计，2021 年由哈萨克斯坦国家电网运营的高压网络损耗约为 5.6%，配电公司运营的中低压网络损失约为 10.9%。

2.4
电力互联互通

与周边国家电力双向交易较为活跃

1998 年原独联体 11 个成员国签署《独联体国家统一电力体系公约》，哈萨克斯坦与周边国家基本上继承了苏联时期就已经形成的中亚统一电网，自北向南连接了俄罗斯、哈萨克斯坦、乌兹别克斯坦和吉尔吉斯斯坦的主要用电负荷中心，用电由位于乌兹别克斯坦的统一调度中心统一调配。

2021 年，哈萨克斯坦对中亚的电力出口量为 1325 吉瓦时，其中 638 吉瓦时出口到乌兹别克斯坦，687 吉瓦时出口到吉尔吉斯斯坦。同年从中亚的进口量为 305 吉瓦时，全部来自吉尔吉斯斯坦。俄罗斯、塔吉克斯坦、吉尔吉斯斯坦和乌兹别克斯坦是哈萨克斯坦主要的电力贸易国家。近年来，随着哈萨克斯坦用电负荷逐步增多，俄罗斯逐步成为哈萨克斯坦的电力进口重要来源。

图 2-9 2016-2020 年哈萨克斯坦电力交易情况

数据来源：国际能源署、本报告研究

2.5
电力体制与电力价格

电力体制以市场经济为主导

哈萨克斯坦电力产业起步较晚，在 20 世纪 90 年代初期实行的仍是中央计划的电力管理体制，直到 20 世纪 60 年代中期才形成独立的电力产业。 1995~1996 年，哈萨克斯坦出台了电力系统私有化和改组纲要，开始电力市场改革，由中央计划的经济体制向市场主导的经济体制过渡。

2000 年后，哈萨克斯坦改组了国家电网，组建了一批独立的发电公司，在原有电网的基础上组建了一批地区电力公司，逐渐形成了目前的电力管理体制。

哈萨克斯坦电力行业相关主管部门主要包括哈萨克斯坦政府、能源部和经济部自然垄断监管委员会。哈萨克斯坦政府主要是依据国家制定的电力相关法令对电力行业进行统筹的监督和管理。能源部主要负责国家能源政策的制定和执行，设定电力价格上限，批准新建项目等。自然垄断监管委员会对电力的输送和分配，热能的生产、传输、供给，电力调度等自然垄断企业和公司所提供的相关服务价格进行监管。

发电侧私有化程度相对较高，哈萨克斯坦超过 80% 的发电公司已经私有化，萨姆鲁克能源公司、俄统电力国际公司、欧亚能源集团公司为哈萨克斯坦主要的发电公司。其中，萨姆鲁克能源公司是哈萨克斯坦最大的发电公司之一，由"萨姆鲁克 - 卡泽纳"国家福利基金和哈萨克斯坦国家天然气运输公司共同出资组建，2021 年装机规模 6215 兆瓦，发电量 35.6 太瓦时，分别占到哈萨克斯坦全国的 26% 和 31%。此外萨姆鲁克能源公司还拥有大量的煤矿及配电资产。哈萨克斯坦其他发电资产主要由大量不同发电公司通过多种所有制方式持有。

骨干输电网由 KEGOC（国家电网管理公司,100%"萨姆鲁克 - 卡泽纳"国家福利基金控股）运营，哈萨克斯坦 220kV 及以上的骨干电网全部由 KEGOC 运营，KEGOC 结合了电网运营商和系统运行商的角色，是哈萨克斯坦统一电力输送体系的主要管理、维护和建设者，也是中亚统一电力体系的重要成员，KEGOC 名下共有 374 段 0.4kV-1150kV 总长 26973 公里的输电线路，电力输送量约占哈萨克斯坦市场一半。

　　区域配电网及售电公司以私人经营为主，哈萨克斯坦区域电网公司（REC）拥有并运营 0.4kV~110kV 输电线路。哈萨克斯坦地区电网公司超过 20 家，其中 14 家为私营企业，2 家市政企业，5 家国有控股企业。哈萨克斯坦有超过 180 家售电公司，从电厂和交易市场购买电力，并向终端消费者出售电力，大多数售电公司为私人公司。

图 2-10 哈萨克斯坦电力管理架构

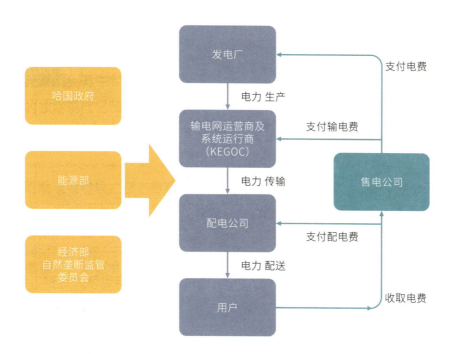

终端电力价格受政府管控，价格相对较低

　　哈萨克斯坦国内电力价格由国家商务部自然垄断监管和竞争保护委员会（KREM）调控。哈萨克斯坦一般只对可再生能源的价格进行直接补贴，并通过监管和行政手段将其他能源的价格维持在较低的水平。哈萨克斯坦电价相对较低，工业用电价格为每度电 17.97 坚戈（约合 0.04 美元），居民用电价格为 13.55 坚戈（约合 0.03 美元）。自 2019 年 1 月 1 日起，为提高投资吸引力，保障发电企业收入，哈萨克斯坦开始施行两部制电价。

2.6
可再生能源

可再生能源电价采用竞拍制

2018 年开始，哈萨克斯坦可再生能源开始采用竞拍制，以最低竞拍电价为中标价。2018-2021 年，哈萨克斯坦共有 75 个可再生能源项目参与拍卖，发电装机总计超过 1700 兆瓦。风电项目数量最多，同时也是按类型拍卖的最大装机容量：25 个风电项目被选中，总装机容量为 724.79 兆瓦。太阳能项目是第二大热门项目：签订了 20 个太阳能光伏项目的合同，总装机容量为 436.5 兆瓦。此外，还有约 22 个总装机容量为 123.88 兆瓦的小型水电项目和 6 个总装机容量为 20.55 兆瓦的生物能源项目签署购电协议。

表 2-2 2018-2021 年哈萨克斯坦可再生能源拍卖结果

		风电站	太阳能电站	水电站	沼气电站	总计
装机容量（兆瓦）	2018	620	290	75	15	1000
	2019	100	80	65	10	255
	2020	65	55	120	10	250
	2021	50	20	120	10	200
	总计	835	445	380	45	1705
拍卖容量 / 项目数量	2018	500.85/16	270/12	82.08/7	5/1	857.937/36
	2019	108.99/5	86.5/3	7/2	10.4/3	212.89/13
	2020	64.95/3	60/4	23/9	0/0	147.95/16
	2021	50/1	20/1	11.8/4	5.15/2	86.95/8
	总计	724.79/25	436.5/20	123.88/22	20.55/6	1305.72/75

目前，风电拍卖平均中标价格大约为 14 坚戈 / 千瓦时 -21 坚戈 / 千瓦时（约 3-4.6 美分 / 千瓦时），光伏拍卖平均中标价格大约为 12 坚戈 / 千瓦时 -16 坚戈 / 千瓦时（约 2.6-3.5 美分 / 千瓦时）。

表 2-3 2018-2021 年哈萨克斯坦可再生能源拍卖价格变化

		风电站	光伏电站	水电站	沼气电站
最高起拍价格（KZT/ 千瓦时）	2018	22.68	34.61	16.71	32.23
	2019	22.66	29	15.48	32.15
	2020	21.69	16.97	15.48	32.15
	2021	21.53	16.96	15.2	32.15
最低拍卖价格（KZT/ 千瓦时）	2018	17.39	18	12.8	32.15
	2019	19.27	12.49	15.43	32.13
	2020	15.9	14.58	13.48	-
	2021	14.08	12.87	15	32.14

电力领域仅新能源投资对外资开放

哈电力市场向外资完全开放的仅在新能源领域，外资参与的大型火电和水电项目很少，新能源市场参与度较高的公司主要来自中国。

表 2-4 中资在哈萨克斯坦的主要可再生能源项目概况

公司	所有装机容量（包含投运，在建及锁定）
中国电力国际有限公司	200 兆瓦
寰泰能源	250 兆瓦
华电福新能源股份有限公司	150 兆瓦
东方日升新能源股份有限公司	100 兆瓦
中国水电工程顾问集团有限公司	60 兆瓦

三　能源电力发展展望

3.1

能源发展展望

能源发展规划

　　根据《国家绿色能源发展计划》(National Green Growth Plan)，到 2030 年燃煤发电装机占全国总装机的 49%，天然气发电装机占比 21%，水电装机占比 10%，核电装机占比 8%，非水可再生能源发电装机占比 12%。到 2050 年，非水可再生能源装机占比将达到 50%。该项计划将加速核电领域和非水可再生能源发电领域的发展。

　　2020 年，哈萨克斯坦政府批准通过新版《〈2021-2030 年向绿色经济过渡愿景〉实施规划》，提出了应对最严重生态挑战的举措，有利于其履行"绿色增长"长期义务，尽早实现跻身全球 30 强国家的战略目标。为实现国家可持续发展目标，哈萨克斯坦已批准实施新的《生态法典》，加速采用可再生能源新技术。2020 年 12 月，在气候行动峰会上，哈萨克斯坦承诺 2060 年实现碳中和。

　　2021 年 5 月 26 日，在哈萨克斯坦电能领域发展问题工作会议上，总统托卡耶夫要求到 2030 年将可再生能源发电占比提高至 15%，2050 年前至少提高到 50%。

　　2021 年 7 月，哈萨克斯坦能源部推出《2024 年前能源发展战略规划》，2021-2024 年，哈萨克斯坦计划大力发展本国燃动综合体行业，确保国家能源安全和满足日益增长的能源需求。根据战略规划，2021-2023 年，哈萨克斯坦政府计划为推动油气部门转型拨款 1533 亿坚戈资金。其中，2021 年拨款 917 亿坚戈，2022 年拨款 383 亿坚戈，2023 年拨款 233 亿坚戈。预计到 2024 年，哈萨克斯坦原油产量将超过 1 亿吨，达到 1.008 亿吨(2020 年为 8500 万吨，2021 年预计为 8530 万吨)；天然气产量将达到 620 亿立方(2020 年为 552 亿立方，2021 年预计为 544 亿立方)；不含沥青的油气化工产品产量将达 44 万吨（2020 年为 35 万吨）；油气企业采购商品本地化率达到 22%，采购工程和服务本地化率达到 50%。不含沥青的油气化工产品产量将达 44 万吨（2020 年为 35 万吨）；油气企业采购商品本地化率达到 22%，采购工程和服务本地化率达到 50%。战略规划指出，哈油气产业政策的宗旨是保持油气行业的长期出口潜力，实现油气储量开采利用收益和风险之间的平衡，以及油气资源销售收入和基础设施建设投资之间的平衡。通过对国内三大炼厂进行现代化改造，预计到 2025 年将实现高标号燃油完全自给。此外，哈萨克斯坦将进一步加大自然资源开采和供应力度，通过提高油气资源管理效能，引导私营部门向新的非原材料部门和高科技部门转移。预计到 2024 年，哈萨克斯坦可再生能源发电量将达 5 太瓦时（2020 年为 3.15 太瓦时，2021 年预计为 3.5 太瓦时）；2024 年全国发电总量将达 105.6 太瓦时（2020 年为 105.2 太瓦时）。

油气项目依旧是重要增长点

未来 10 年内，哈萨克斯坦油气行业最具前景的项目是位于哈萨克斯坦属里海水域的"卡拉姆卡斯海"区块和"哈扎尔"区块，根据哈萨克斯坦政府预计，未来 10 年该地区开发总投资将达 45 亿美元。由于哈萨克斯坦西部油田下一阶段的开发将会推动石油产量增长，政府预计到 2030 年石油产量将达到 1.01 亿吨。IHS Markit 预测，石油产量将在 2025 年前后达到峰值 1.02 亿吨，到 2050 年逐渐下降至 7300 万吨左右。

3.2
电力发展展望

将大力推动电力基础设施建设

哈萨克斯坦政府预计，2012-2030 年电力领域投资总额约 9.4 万亿坚戈（约合 635 亿美元），其中改造和新建电站 5.5 万亿坚戈（合 371 亿美元），干线电网投资 1.4 万亿坚戈（合 95 亿美元），地方电网投资 2.5 万亿坚戈（合 169 亿美元）。在输电端，哈萨克斯坦国家电网公司正就建设哈萨克斯坦"南北直流输电工程"进行论证，该项目已纳入国家电网公司 2018-2028 年发展战略。"南北直流输电工程"包括 6 个项目：220-500 千瓦输变电改造工程（2028 年前）、哈萨克斯坦西部电网升级工程（2023 年前）、卡拉干达州变电站升级工程（2022 年前）、哈萨克斯坦南部电网升级工程（2025 年前）、南北直流输电线路建设工程（2026 年前）、吐尔克斯坦州对外输电升级工程（2025 年前）。

未来新增电源以气电和风电为主

　　哈萨克斯坦未来电源发展主要集中在风能、燃气领域，2021-2025 年合计新增装机 511.6 万千瓦，其中风电新增装机 94.7 万千瓦，燃气电站新增装机 292.3 万千瓦，光伏发电新增 43.7 万千瓦；2026-2030 年共新增 651 万千瓦，其中风电新增装机 302.7 万千瓦，燃气电站新增 231.6 万千瓦，光伏发电新增 44.7 万千瓦。此外，哈萨克斯坦出台可再生能源法，其中最大的亮点是可再生能源项目可免缴过网费，并保证电量全额消纳，进一步保障了可再生能源的可持续发展。

表 3-1 哈萨克斯坦电源规划（单位：兆瓦）

	能源种类	2021-2025	2026-2030	2031-2035	2036-2040
新增	水电（含抽蓄）	56	4		
	光伏	437	447	91	
	风电	947	3027	1706	684
	燃气 - 蒸汽联合循环	317	816	1586	1400
	热电联合 - 煤电、燃气、重油	1708	175	120	
	内燃机	10	80	40	
	汽轮机	1141	1325	192	620
	亚临界机组	500	636		
退役	热电联合 - 煤电、燃气	1250	145	120	
	亚临界机组	400			

数据来源：美国信息发展署、哈萨克能源部

新建大批 550kV 输电线路

哈萨克斯坦国家电网公司正就建设哈萨克斯坦"南北直流输电工程"进行论证，该项目已纳入国家电网公司 2018-2028 年发展战略。预计 2019-2025 年 500kV 输电线路长度增加 994 公里，220kV 输电线路增加 1111 公里，总计增加 2105 公里；2026-2030 年 500kV 输电线路长度增加 996 公里，220kV 输电线路增加 191 公里，总计增加 1187 公里；2031-2040 年 500kV 输电线路长度增加 511.8 公里，220kV 输电线路增加 42 公里，总计增加 544 公里。

表 3-2 哈萨克斯坦电网规划

种类	220kV 输电线（km）		550kV 输电线（km）		总计
年份	区域内	区域间	区域内	区域间	
2031-2040	42	0	121.8	390	554
2026-2030	191	0	511	485	1187
2019-2025	916	195	574	420	2105
总计	1149	195	1206.8	1295	3846

数据来源：美国信息发展署、哈萨克能源部

电力设备升级改造工作前景广阔

哈萨克斯坦全国约 50% 的设备运行超过 30 年，哈萨克斯坦总理斯迈洛夫表示，哈萨克斯坦近 65% 的电力系统需要进行更新换代，根据现有的规划，2030 年前哈萨克斯坦需要更新改造的电力产能预计将达到 7 吉瓦，未来电力设备升级改造前景广阔。

四 中国-哈萨克斯坦能源合作

4.1
合作现状

合作领域广泛，合作基础扎实

　　哈萨克斯坦是"一带一路"沿线非常重要的国家，中哈两国经济互补性强，哈萨克斯坦作为中国的邻国，近年来积极参与"一带一路"能源合作，成效明显。中哈能源合作有坚实的基础，现已形成上中下游一体化的全产业链合作模式，为保障两国能源安全和满足市场需求创造了有利条件。

　　近年来，中哈双方签订的有关能源领域的双边文件有：《中哈关于在石油天然气领域合作的协议》（1997 年 9 月），《中哈关于在油气领域开展全面合作的框架协议》（2004 年 5 月），《中哈关于加强产能与投资合作的框架协议》（2015 年 8 月），《中华人民共和国和哈萨克斯坦共和国建交 30 周年联合声明》（2022 年 9 月）等。中国对哈萨克斯坦投资领域主要包括石油勘探开发、哈萨克斯坦石油公司股权并购、加油站网络经营、电力等。目前中国在哈萨克斯坦投资的大项目有：中哈石油管道项目、PK 项目、ADM 项目、KAM 项目、曼格斯套项目、阿克纠宾项目、北布扎奇项目、肯－阿西北管道项目、里海达尔汗区块项目、中石化 FIOC 和中亚项目、卡拉赞巴斯油田项目、中哈铀开采项目和鲁特尼奇水电站项目等。

油气贸易合作成效尤为突出

　　中哈之间建有中哈原油管道、中哈天然气管道、中哈石油管道等多条油气管道。其中，中哈原油管道全线总长 2835 公里，设计年输油量 2000 万吨，被誉为"丝绸之路第一管道"，是中国第一条跨国输油管道，对中哈甚至整个欧亚能源系统都具有重要影响。中国石油在哈萨克斯坦建设了两条重要的能源管道——中哈原油管道和中哈天然气管道。据商务部统计数据显示，截至 2021 年初，中国石油在哈萨克斯坦参股 7 个油气合作项目，为哈萨克斯坦当地提供 3 万余个直接就业岗位。

2017~2021 年，哈萨克斯坦对华石油出口量整体呈上升趋势，2021 年，对华石油出口量达 4.5 百万吨，出口金额高达 24.3 亿美元。

图 4-1 2017-2021 年哈萨克斯坦对华石油出口量

数据来源：中国海关总署

图 4-2 2017-2021 年哈萨克斯坦对华天然气出口量

数据来源：中国海关总署

中 – 哈电力合作亮点纷呈

中国企业利用自身在电力领域的优势，积极参与哈萨克斯坦水电、风电、光伏等项目建设，电力合作多点开花。哈萨克斯坦马伊纳克水电站 EPC 项目是中哈两国目前在水电领域规模最大的合作项目，项目设计装机容量 300 兆瓦，年发电量 1.03 太瓦时，项目于 2008 年开工，并于 2011 年正式建设完成；2018 年，中国光伏板制造商东方日升与欧洲复兴开发银行签署哈 63 兆瓦的光伏项目融资协议，该光伏项目于 2018 年 9 月开工建设，目前已建设完成并投产；2020 年初，东方日升另一投资项目，哈 50 兆瓦光伏电站顺利并网；2021 年 6 月，中电国际投资建设的札纳塔斯 100 兆瓦风电项目，成功实现并网发电，年可利用小时数 3500 小时左右；2022 年 2 月至 9 月，中国寰泰能源公司投资的库斯塔奈 Ybyrai 50 兆瓦风电项目、杰特苏 Abay 50MW 兆瓦风电项目和阿克托盖 Abay 100MW 陆续投产运行，每年可为哈萨克斯坦提供 6800 吉瓦时电力，减少约 40 万吨二氧化碳排放；2022 年 9 月，由中国电建集团与哈萨姆鲁克能源公司合作投资开发的谢列克风电项目正式投产发电，项目共安装 24 台单机容量为 2.5 兆瓦的风力发电机组，总装机规模为 60 兆瓦，年计划发电量为 2300 吉瓦时，能为 7 万户家庭提供稳定用电，同时能为哈萨克斯坦每年减少 16 万吨二氧化碳的排放。2022 年 12 月 14 日，中电国际完成哈萨克斯坦 Borey 100 兆瓦风电项目和 Energo Trust 50 兆瓦风电项目控股权交割，两项目位于哈萨克斯坦阿克莫拉州，目前已处于施工收尾阶段，项目预计将于 2023 年初并网发电，投产后，每年将给当地居民带来 6000 吉瓦时清洁电力，减少约 50 万吨二氧化碳排放。

4.2
合作展望

　　哈萨克斯坦是中亚地区经济发展最快、政治局势相对稳定、社会秩序相对良好的国家，人文条件好于其他中亚国家，是中国在该地区最大的投资对象国，哈萨克斯坦也是中国与"一带一路"沿线国家进行产能合作的重要对象。整体来看，哈萨克斯坦油气资源丰富，新能源资源丰富且产业处于较为初期的状态，电力市场空间大，发展需求强烈，发展潜力较大，中哈两国的经济结构和发展战略有着很强的互补性，哈萨克斯坦有望成为打造发展中国家低碳能源合作示范项目的重点国家。

开发以风、太阳能为代表的新能源国际合作示范项目

　　哈萨克斯坦拥有良好的风能、太阳能等新能源开发条件，未来也将大力推动以风电和光伏为代表的新能源产业发展。中哈双方企业利用中哈能源合作委员会机制，推动中哈共同开展大规模风／光合作示范项目建设，提供从地址勘探、规划选址、测风测光、资源评估到方案设计、接入系统分析、运维管理等一揽子服务，采用目前最先进的新能源技术，通过技术援助与工程服务相结合的模式，打造一批新能源样板工程，树立中国技术海外良好形象，并为哈萨克斯坦未来新能源大力发展提供参考。

推动"大型新能源基地＋制造产业园集群"开发模式

　　哈萨克斯坦未来新能源市场较大，目前开发尚处在起步阶段，可统筹国内的新能源投资、建设及装备制造企业通力合作，在哈萨克斯坦投资建设大规模"风、光、储、气"的清洁综合能源基地的同时，推动风电整机、塔筒、光伏组件生产的制造业园区，以及晶硅材料、水泥、电缆等能耗项目产业落地。促进哈萨克斯坦新能源配套产业发展，改善技术落后的局面，同时带动国内光伏、风电优势产能走出去。

推进直流输电技术合作

为解决哈萨克斯坦北电南送潮流较重所带来的一系列问题，国家电网公司正就建设"南北直流输电工程"进行论证，计划进一步增加哈萨克斯坦北电南送规模。我国直流输电技术成熟，具有长距离、大容量、低损耗、单位容量输电建设成本较低的优势，相关直流技术也在巴西、巴基斯坦等国得到了有效应用。中哈双方可在直流输电领域开展相关合作，共同推动直流输电技术在哈萨克斯坦的应用，有效缓解哈萨克斯坦电网北电南送送电压力，助力哈萨克斯坦电力系统骨干电网全面升级。

协助当地老旧机组的清洁改造

哈萨克斯坦大多数火电机组服役均超过 30 年，仍停留在亚临界水平，发电效率较低，设备老化损耗严重，相当大比例的机组由于没有经过环保改造，污染物排放标准仍处于一个非常高的水平。中国在推动煤电机组清洁改造方面拥有丰富的实践经验。近年来，中国积极推动煤电的转型升级，启动火电"三改联动"，在提升煤电综合能效、降低煤电排放，支持煤电减碳降碳技术应用示范，积极研发碳捕捉和利用等技术，推动其在煤电中的应用示范。双方可深化火电机组的清洁化和节能改造的合作，提升火电机组的灵活性和运营效率，带来更多的经济、社会、环境效益。

多种形式丰富中哈油气合作内涵

以保障中哈原油管道、中亚天然气管道哈萨克斯坦境内段的长期安全稳定运行和按计划稳定供应为基础，继续深化石油、天然气等领域合作，特别是在油气资源勘探、开发、加工，开发矿井以及管道等领域，不断丰富中哈上中下游一体化的全产业链合作模式的实质内涵。

推进区域电力基础设施升级改造

哈萨克斯坦近年来不断提高供电质量及可靠性，并计划实现国内电力的 100% 覆盖。根据哈萨克斯坦能源部最新的规划，随着大量可再生能源项目接入电网，对本就薄弱的电网造成了安全压力。哈萨克斯坦电网对电力成套设备、输变电设备配件及电网先进技术有较强的需求。中方企业可以发挥在电网建设的经验和能力以及先进的输变电技术，积极参与哈萨克斯坦电网的升级改造。

推进电化学储能、抽蓄等灵活性电源建设合作

近年来，哈萨克斯坦新能源装机增速较快，但由于系统灵活性不足，新能源的消纳已面临挑战。哈萨克斯坦国家电网目前已经开始考虑通过配置相关储能设施来保障未来更大规模新能源的消纳。中哈可在电化学储能、抽蓄等灵活性电源建设方面开展合作，为后续哈萨克斯坦大力推动新能源产业发展奠定良好基础。

推动"气电＋新能源"一体化开发模式

根据规划，未来哈萨克斯坦的新增装机将主要集中在气电和新能源两个领域，哈萨克斯坦电力系统接入资源稀缺，系统灵活性相对较差，可考虑在哈萨克斯坦合作推进"气电＋新能源"一体化开发的模式，更为充分的利用接入系统资源，同时有效保障配套新能源的消纳，全面提升新增装机及系统的利用率。

加强人员沟通与技术交流

积极开展两国技术交流、短期培训、留学生培养等活动，促进两国互学互鉴，加强能源领域人才的全方位储备，积极宣传中方新能源发展的先进理念，为哈方培养一批新能源领域技术人才。

06

土库曼斯坦
能源合作
Turkmenistan Energy Cooperation

　　土库曼斯坦地处中亚西南部，与我国保持长期友好的战略伙伴关系，是我国在中亚地区最大的管道天然气进口国。土库曼斯坦天然气资源丰富，储量位居世界前列，是本国主要的能源和电力供应来源。土库曼斯坦风、光资源禀赋好，但尚未得到有效开发利用，近年来政府陆续出台和颁布多项法规政策，鼓励可再生能源发展。基于中土两国在天然气贸易领域的良好合作基础，未来两国有望持续拓展能源合作深度，挖掘新能源领域合作空间。

一　能源行业基本情况

1.1

能源资源

天然气资源富集，石油资源较丰富，煤炭资源储量较小

　　土库曼斯坦天然气资源十分丰富，拥有数十座世界大型气田，主要分布在东南部的阿姆河盆地、南部的穆尔加布盆地和西部的南里海盆地。天然气储量约 50 万亿立方米，已探明储量 13.6 万亿立方米，位居世界第四，占全球天然气探明储量的 7.2%，储采比 230.7。

图 1-1 土库曼斯坦油气资源分布图

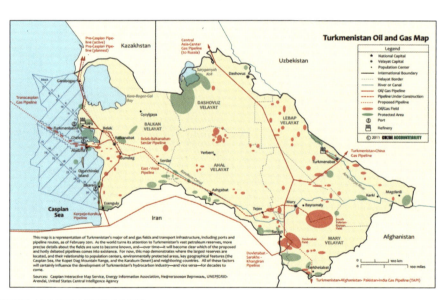

数据来源：CRUDR ACCOUNNMENTABILITY

　　土库曼斯坦石油资源较为丰富，主要分布在西部里海水域和沿岸地区。石油储量 68 亿吨，已探明储量 2.13 亿吨，储采比 7.6。土库曼斯坦煤炭储量相对较小，储量约 8 亿吨，已探明储量仅为 4076 万吨。

风光资源禀赋好，但尚未有效开发利用

　　土库曼斯坦风光资源禀赋优越，开发潜力大。土库曼斯坦全年太阳能辐射长达 2500 小时 ~3000 小时，年均水平总辐射量约 1700 千瓦时 / 平方米，其中东南部马雷州、列巴普州可达到 1800 千瓦时 / 平方米，全国太阳能技术可开发潜力超过 120000 吉瓦。土库曼斯坦全境年平均风速约 7.5 米 / 秒，其中，巴尔坎州西北部以及北部地区平均风速超过 8 米 / 秒，全国风电技术可开发容量超过 120 吉瓦。

图 1-2 土库曼斯坦太阳能资源分布图

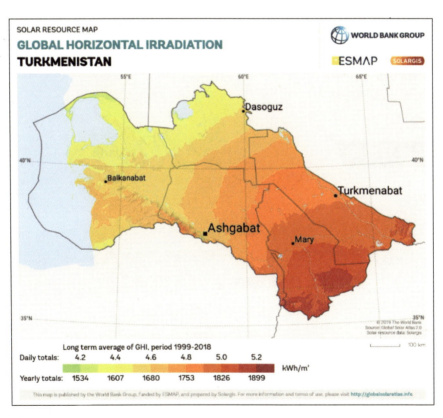

数据来源：世界银行、Solargis

图 1-3 土库曼斯坦风能资源分布图

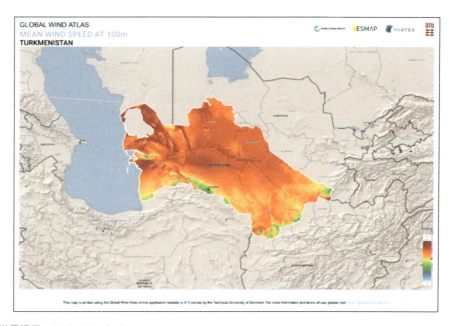

数据来源：世界银行、GlobalWindAtlas

水能资源较为有限

土库曼斯坦全境 80% 国土被沙漠覆盖，河网密度较低，水能资源较为有限。阿姆河、捷詹河、穆尔加布河、艾特列克河等主要河流位于土库曼斯坦东部和南部地区，全国水能资源可开发潜力约 1.2 吉瓦。土库曼斯坦能源发展长期高度依赖油气资源，境内装机容量为 1.2 兆瓦的金基库什水电站，是目前唯一并网发电的可再生能源电站。

1.2
能源供应

能源供应以天然气为主，保持高度自给和稳定出口

土库曼斯坦依靠丰富的油气资源，长期保持能源高度自给和稳定出口，是世界级能源生产国和能源出口大国。土库曼斯坦能源供应 76% 以上来自天然气，23% 来自石油，其余 1% 来自水能和生物质。

图 1-4 土库曼斯坦能源供应情况

数据来源：国际能源署

　　土库曼斯坦为世界前列的天然气生产国，天然气产能除充分满足本国需求外，大量用于出口。除 2020 年受新冠疫情影响外，土库曼斯坦天然气出口总体保持快速增长。

图 1-5 土库曼斯坦天然气出口情况

数据来源：国际能源署、国际货币基金会

土库曼斯坦计划对中国天然气出口量增加一倍以上

　　土库曼斯坦是中国最大的管道天然气进口国，每年近 80% 的天然气产能供应中国。自 2006 年中土两国建立天然气合作以来，土库曼斯坦经中国 - 中亚天然气管道每年向中国出口 300 亿立方米天然气。2022 年 10 月，土库曼斯坦宣布在第四条中国 - 中亚天然气管线建成后，对中国的天然气出口量将增加一倍以上，达到 650 亿立方米 / 年。

1.3
能源消费

能源消费结构单一，消费总量呈现波动增长态势

　　土库曼斯坦能源消费与生产结构一致，能源消费品种单一，天然气为绝对主导，消费占比超过 80%。2011~2021 年，土库曼斯坦能源消费年均增速为 2%。2021 年土库曼斯坦能源消费总量达到 3833 万吨标油，较上年增长 19.85%，人均能源消费量达到 6.3 吨标油，是世界平均水平（1.8 吨标油 / 人）的 3.5 倍。

图 1-6 土库曼斯坦能源消费情况

数据来源：英国石油公司

图 1-7 土库曼斯坦人均能源消费情况

数据来源：英国石油公司

能源消费结构稳定，商业和服务业为消费主体

　　分行业看，土库曼斯坦能源消费结构长期保持稳定。商业和服务业是土库曼斯坦能源消费主体，占全年终端能源消费总量的 50% 以上；工业、交通、居民及建筑行业用能占比分别为 9.8%、3%、2.7% 和 2.4%。

图 1-8 土库曼斯坦分行业能源消费结构

数据来源：国际能源署

电力行业基本情况

2.1
电力供应

电力供应以气电为主导，发电量保持平稳增长

　　土库曼斯坦电力供应以气电为主导。2011-2021 年，土库曼斯坦年发电量保持平稳增长，年均增长率 5.3%，2021 年发电量达到 27.9 太瓦时。

图 2-1 土库曼斯坦发电情况

数据来源：英国石油公司

　　截至 2021 年底，土库曼斯坦电源装机总量约 7.4 吉瓦，除一座 1.2 兆瓦的水电站外，其余全部为气电。土库曼斯坦现有气电站 14 座，63% 以上为 2000 年后建设，机组类型以燃气轮机为主，2018 年投运的马雷联合循环电站为全国首个燃气 - 蒸汽联合循环电站。

表 2-1 土库曼斯坦电源装机情况

序号	电站名称	类型	装机规模（兆瓦）	投运时间
1	金基库什水电站	水电	1.2	1913 年
2	阿巴丹热电站	气电	321	1957 年
3	土库曼巴希热电站	气电	420	1961 年发电 1981 年、1984 年扩建
4	马雷热电站	气电	1831.7	1973 年发电 1987 年、2014 年扩建
5	谢津热电站	气电	160	1992 年发电 2014 年扩建
6	巴尔坎纳巴特电站	气电	380.6	2003 年发电 2010 年扩建
7	阿什哈巴德国家电站	气电	254.2	2006 年
8	达绍古兹热电站	气电	254.2	2007 年
9	阿哈尔热电站	气电	648.1	2010 年
10	阿瓦扎热电站	气电	254.2	2010 年
11	列巴普热电站	气电	149.2	2014 年
12	捷尔韦津热电站	气电	504.4	2015 年
13	列巴普祖国电站	气电	254.2	2016 年
14	马雷联合循环电站	气电	1574	2018 年
15	列巴普燃气轮机电站	气电	432	2021 年
合计			7439	

数据来源：土库曼斯坦能源部、兰州大学土库曼斯坦研究中心、公开信息整理

电力出口量持续增加

　　土库曼斯坦电力供应充足，除保障本国国民经济和社会发展需求外，同时向乌兹别克斯坦、吉尔吉斯斯坦、阿富汗和伊朗等中亚和南亚国家出口电力。近十年来，土库曼斯坦出口电量总体呈增长趋势，2014-2019 年年均出口电量 3.2 太瓦时；2020 年突破 5.5 太瓦时，出口电量占发电总量的 21%；2021 年仅第一季度出口电量就达到上年同期的 2.1 倍。

图 2-2 土库曼斯坦电力出口情况

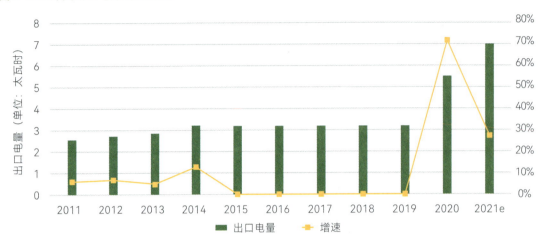

数据来源：国际能源署

2.2
电力消费

年用电量保持平稳

　　近年来土库曼斯坦用电量总体保持平稳，2011-2015 年用电量稳步增加，2016-2021 年用电量维持在 16.5 太瓦时左右，人均用电量 2729 千瓦时，约是我国人均用电量的一半。

图 2-3 土库曼斯坦用电情况

数据来源：国际能源署

电力消费结构稳定，工业用电比重较大

　　分行业看，土库曼斯坦电力消费结构长期保持稳定。其中，工业用电比重较大，约占全年用电总量的 36%，其次为居民用电和交通用电，用电量占比分别为 32% 和 21%。

图 2-4 土库曼斯坦电力消费结构

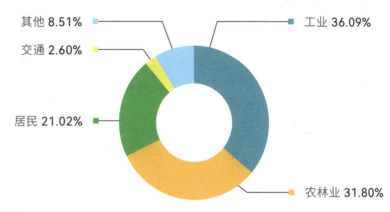

数据来源：国际能源署

2.3
电力输送

已实现全国电网互联

　　土库曼斯坦电网已经实现全国覆盖，国内输电线路主要电压等级为 220kV 和 110kV，线路长度分别为 2000 公里和 7600 公里。目前全国电网最高电压等级为 500kV，主要包括马雷 - 阿塔穆拉特 390 公里、马雷 - 谢津 270 公里、谢津 - 达绍古兹 400 公里三条线路。

图 2-5 土库曼斯坦电网分布图

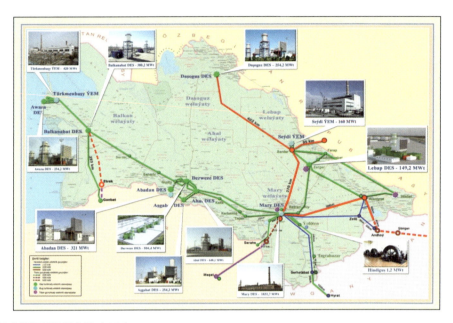

数据来源：日本能源经济研究所（IEEJ）

正在积极推动国内环形电网建设

　　土库曼斯坦电网目前呈"U 型"分布，为进一步保障电网安全稳定运行，土库曼斯坦正在布局阿哈尔州 - 巴尔坎州 - 达绍古兹州国内环形电网工程建设，其中阿哈尔州 - 巴尔坎州段 475 公里 220kV 输电线路已于 2021 年 8 月建成，巴尔坎州 - 达绍古兹州段 560 公里 500kV 输电线路预计将于 2023 年完工。

电网升级改造需求高

　　土库曼斯坦虽然电气化率已达到 100%，但境内输电线路主要建于 20 世纪 70 年代，电网亟须升级改造。2019 年，土库曼斯坦政府斥资 5 亿美元启动国家电网强化工程，通过扩建既有变电站、新建输电线路、新建变电站建立现代输电系统，降低网络故障，增强供电可靠性。

2.4
电力互联互通

电网互联规模不断扩大，有效助力电力出口

　　土库曼斯坦电网是中亚电力系统（CAPS）的重要组成部分。近年来，土库曼斯坦为持续扩大本国电力出口量，积极推动跨境电力互联互通，目前已与乌兹别克斯坦、阿富汗、伊朗和吉尔吉斯斯坦建立互联电网。

表 2-2 土库曼斯坦跨境电网互联情况

电网互联国家	电网互联现况
乌兹别克斯坦	土库曼斯坦于 2019 年与乌兹别克斯坦签署三年电力购销协议，通过 3 回 220kV 互联线路向乌兹别克斯坦出口电力，仅送电首日即向乌兹别克斯坦供电 14.9 吉瓦时。 2022 年 10 月，土库曼斯坦宣布将增加对乌兹别克斯坦的电力供应，目前已签署 4 太瓦时 / 年的售电协议。
阿富汗	土库曼斯坦于 2018 年启动土库曼斯坦—阿富汗—巴基斯坦输电项目（TAP）。2021 年 12 月，TAP 克尔基（土）- 希尔伯甘（阿）段输电线路竣工，电压等级 500kV，线路总长 153 公里，实现向阿富汗送电。为扩大对阿富汗电力出口，土库曼斯坦沿谢尔杰特阿巴特 - 杰拉特方向建设白马雷热电站至阿边境的输电线路，电压等级 220kV，线路总长 450 公里。TAP 全线建成后，土库曼斯坦将向阿富汗多个省市供电，进而送电至巴基斯坦。
伊朗	土库曼斯坦能源部于 2021 年 2 月就扩大向伊朗电力出口问题与伊朗能源部进行谈判。为扩大对伊朗的电力出口，土计划在土伊边境铺设输电线路，马雷（土）- 萨拉赫斯（伊）- 马什哈德（伊）段输电线路于 2021 年 12 月正式投运。
吉尔吉斯斯坦	土库曼斯坦自 2021 年 8 月起开始过境乌兹别克斯坦向吉尔吉斯斯坦出口电力，截至同年 12 月已向吉尔吉斯斯坦出口电力 502 吉瓦时。2022 年 10 月，土库曼斯坦签署 2023 年向吉尔吉斯斯坦出口 2 太瓦时的供电协议。

数据来源：中华人民共和国商务部、兰州大学土库曼斯坦研究中心、公开信息整理

2.5
电力体制与电力价格

电力行业仍然是由政府监管的垂直一体化体制

土库曼斯坦的电力行业仍然是由政府全权监管的垂直一体化体制。土库曼斯坦能源部于 2012 年成立，负责制定国家电力发展规划，实施国家电力政策，负责国家电网和各区域电站的设计、建设、运行和维护，全国电力生产、供应和出口以及电力领域对外经济技术合作的管理。能源部下属机构包括国家电力公司、国家能源研究院、可再生能源科学与生产中心、国家技术项目投资部以及设计院和相关职业技术学校等。其中，土库曼斯坦国家电力公司成立于 1992 年，下辖全国 15 座发电站、6 家生产企业、1 个国家电力管理局、1 家电力维修公司、1 个城市照明管理局、1 家电力设备公司以及 1 家供电公司。

2017 年起停止免费供电，终端电价由政府确定

土库曼斯坦为发展本国市场经济，于 2017 年 11 月起开始征收电费，此前因电力供应充足全国长期免费用电。电费征收标准由政府制定，收费标准按照单位机构和人员类型分为 6 类。土库曼斯坦终端电价远低于全球平均电价（居民用电 0.144 美元 / 千瓦时；工业用电 0.138 美元 / 千瓦时）。

表 2-3 土库曼斯坦电费征收标准

序号	用户类型	电价（不含增值税）	
		马纳特 /100 千瓦时	美元 /100 千瓦时
1	财政预算单位及参照财政预算单位的法人	3.31	0.95
2	国有、非国有法人及从事经营活动的自然人	6.28	1.81
3	拥有根据土库曼斯坦法律颁发的证件、享有在土境内居留权的外国公民、无国籍人士和难民	2.17	0.62
4	在土库曼斯坦注册代表处或分支机构、依法成立并开展经营活动的外国法人	3.58	1.03

表 2-3 土库曼斯坦电费征收标准

序号	用户类型	电价（不含增值税）	
		马纳特 /100 千瓦时	美元 /100 千瓦时
5	外国派驻土库曼斯坦的外交使团、领事机构，国家间、政府间、国际组织常驻代表处或驻土分支机构	3.31	0.95
6	不从事经营活动的土库曼斯坦公民，使用超过免费限额（每人每月 35 千瓦时）后	2.50*	0.72*

数据来源：土库曼斯坦国家通讯社、中华人民共和国商务部
* 含增值税电价

2.6
可再生能源

探索利用外部资金开发新能源

　　基于巨大的风光资源开发潜力，土库曼斯坦正在积极探索利用外部资金开发本国新能源。在 2021 年举办的迪拜世博会上，土库曼斯坦能源部与马斯达尔（Masdar）公司签署了可再生能源领域合作的谅解备忘录。2022 年 1 月，土耳其卡利克能源工贸公司中标装机容量为 10 兆瓦的太阳能—风力发电站，也是土首个新能源项目。项目位于"土库曼斯坦"湖（"金色世纪"人工湖），建设方案由土库曼斯坦国家能源研究所科学与生产中心开发，建设资金 2500 万美元，由阿布扎比发展基金提供贷款。

三　能源电力发展展望

继续提升油气产量，扩大能源出口规模

　　土库曼斯坦《2011-2030 年国家社会经济发展纲要》提出计划近十年内进一步提升油气产量，并扩大能源出口规模。2030 年土石油年产量计划将达到 6700 万吨，天然气年产量达到 2300 亿立方米，其中 1800 亿立方米用于出口。为提高现有管线能源输送能力，土库曼斯坦政府积极推动土库曼斯坦 - 阿富汗 - 巴基斯坦 - 印度（TAPI）天然气管道建设。

以气电为抓手实现能源出口多元化

　　土库曼斯坦高度重视电力工业发展，依靠丰富的天然气资源，除直接出口天然气产品外，将气电的电力产能作为能源出口多元化、促进区域互联互通的重要抓手。2030 年发电量达到 35.5 太瓦时，其中 11 太瓦时用于出口。

陆续出台和颁布多项法规政策，鼓励可再生能源发展

　　近年来，土库曼斯坦相继出台了《气候变化国家战略》《2030 年前发展可再生能源国家战略》《可再生能源法》《2018-2024 年国家节能计划》等一系列法规政策，鼓励并支持可再生能源生产与利用，为可再生能源项目提供优惠银行贷款和国家补贴。

表 2-4 土库曼斯坦可再生能源相关法规政策

法规政策	颁布时间	主要内容
《2018-2024 年国家节能计划》	2019 年 4 月	土库曼斯坦致力于发展可再生能源，提高能源利用效率。
《太阳能发展路线图方案》	2019 年 8 月	土库曼斯坦计划 2019-2025 年实现光伏发电 330 吉瓦时、二氧化碳减排 17.6 万吨。
《可再生能源法》	2021 年 3 月	定义可再生能源领域活动的法律、组织、经济和社会基本原则。通过有效利用可再生能源生产能源，完善能源结构，实现能源多样化，确保国家能源安全。

数据来源：土库曼斯坦国家通讯社、中华人民共和国商务部、公开信息整理

确立中期温室气体排放零增长减碳目标

　　土库曼斯坦于 2021 年 11 月宣布了国家自主减排贡献和 2030 年前减少重点经济领域温室气体排放的目标。土库曼斯坦计划利用自有资金及国际组织和金融机构的技术资金支持，自 2030 年起，中期内实现温室气体排放零增长，长期内实现排放量逐年显著下降。

积极探索氢能助力本国能源转型

　　土库曼斯坦拟将能源结构从以天然气为主向以氢能等绿色能源为主转型，计划发展可再生能源和天然气制氢技术，预计到 2030 年化石能源替代燃料的产量达到 110 万吨。2021 年 5 月，土库曼斯坦提议在联合国框架下制定《低碳能源发展战略和氢能发展国际路线图》，2022 年 1 月通过了《2022-2023 年发展氢能国际合作路线图》，同年 5 月，土库曼斯坦国家氢能发展跨部门工作组、国家能源研究所等部门与欧洲安全合作组织（OSCE）共同讨论制定了绿氢发展路线图。

四　中国-土库曼斯坦能源合作

4.1
合作现状

能源是中土合作委员会机制下的重要合作领域

中国与土库曼斯坦于 2010 年成立两国政府间合作委员会（简称"委员会"），委员会例会由中土两国轮流举行。能源是委员会机制下两国长期高度关注的重点合作领域，机制下设立能源分委会。

2021 年 11 月，中土合作委员会第五次会议在京召开，中共中央政治局常委、国务院副总理、中土合作委员会中方主席韩正同土库曼斯坦副总理谢 · 别尔德穆哈梅多夫共同主持会议，中方就深化中土下一步重点合作领域提出建议，其中，把天然气合作作为两国务实合作的重中之重，并积极研究拓展风能、太阳能等可再生能源开发合作，充实中土能源合作内涵。土方高度重视土中战略伙伴关系，愿同中方保持密切联系，充分发挥土中合作委员会机制作用，认真落实两国元首重要共识，不断推动双方各领域务实合作迈向更高水平。

同一时期，中土能源合作分委会第七次会议顺利召开。双方就能源领域合作达成共识，依托中土天然气合作政企联合工作组、企业工作小组等机制框架，继续就中土天然气合作深入磋商。土方愿意进一步扩大对华天然气出口，并与中方积极探讨电力和可再生能源等领域合作。

天然气贸易是两国务实合作的重中之重

能源合作是中土保持长期友好合作的重要方向，天然气合作是中土两国务实合作的重中之重。2007 年，中国向土库曼斯坦提供 81 亿美元贷款，并派出技术团队援助土库曼斯坦建设天然气基础设施。2006 年，中国政府与土库曼斯坦政府签署了《关于实施中土天然气管道项目和土库曼斯坦向中国出售天然气的总协议》，正式开启了两国天然气合作的大幕。2013 年，中国与土库曼斯坦建立战略伙伴关系，2021 年 11 月双方签署《土库曼斯坦政府和中华人民共和国政府 5 年合作规划（2021—2025 年）》。

过去的 30 年，中国帮助土库曼斯坦建设天然气管道，管道起始于土库曼斯坦东部，途径乌兹别克斯坦和哈萨克斯坦，最终联通中国；土库曼斯坦通过中国 - 中亚天然气管道，每年向中国出口 300 亿立方米天然气。目前，中土之间已建成三条天然气管线，待第四条管线建设投产后，土库曼斯坦每年对中国天然气供气量将达到 650 亿立方米。

中国中石油集团从 2008 年开始，全程参与土库曼斯坦阿姆河气田建设、运维和后期保障工作。阿姆河气田 2020 年全年开采原料气 128 亿立方米，向中国输送商品气 119 亿立方米。近年来，中国以 EPC 形式签署了大型天然气工程项目，例如由中国石油集团承建的土库曼斯坦钻井总包项目、由中国石化集团承建的土库曼巴格德亚雷克钻井项目等。

拓展新能源领域合作已成为两国重要共识

土库曼斯坦新能源产业发展具有良好的基础条件。土风光资源禀赋优越，尤其是太阳能资源极为丰富，开发潜力大。土以气电为主导的电源结构，有助于支撑土新能源大规模消纳，适于配合光伏发电灵活运行。同时，土与周边国家互联水平较高，电力出口潜力大。自 2022 年 2 月以来，中土两国领导人及两国能源主管部门先后多次提出扩大全产业链合作，双方将能源领域的务实合作由天然气拓展到新能源领域，已成为两国重要共识，中土新能源合作已进入新的战略机遇期。

4.2
合作展望

　　中国与土库曼斯坦未来的能源合作，除了持续巩固夯实以天然气为主的传统能源合作外，可以将技术交流作为切入点，挖掘双方在新能源领域的合作空间。通过开展规划研究、推动示范项目、探索配套产业建设等工作，支持土新能源开发起步，多维度、体系化推动双方在新能源领域的合作。

开展新能源规划研究工作

　　利用中土能源合作双边机制，开展中土新能源合作规划研究，通过资源摸底、消纳能力分析、区域和站点优选、系统升级方案研究以及影响和效益分析，提出未来中土双方在项目开发、产业链合作、技术标准、能力建设等方面的合作路线图。

推动一批具有综合效益的新能源合作示范项目

　　利用双方既有油气领域合作基础，以油气合作带动新能源合作，在中亚管道的气源点附近，依托既有的天然气电站建设光伏-气电一体化示范项目，探索"以电代气、余气回送"的模式；结合土方扩大电力出口的需要，探索建设电力外送型大型光伏发电项目。依托示范项目提升中资企业整合国际资本和要素的能力，提升电价竞争力。

探索中土新能源产业示范园建设

　　建立新能源产业示范园区，以新能源装备制造、新技术研究及应用为主要产业，鼓励国内设备制造企业在土投资建设风、光设备产业区，设立研究机构探索新能源关键核心技术、新能源与新型基础设施建设结合、新能源与新型城镇化结合的新业务模式研究。

07

附录
Appendix

附录 A 中亚国家基础数据

表 A-1 中亚国家基本信息表

国家	陆地面积 （万平方公里）	2022 年人口 （万）	人口密度 （人 / 平方公里）	人口年 增长率	人口中位数 年龄
哈萨克斯坦	272.49	1912.5	7	1.21%	31
吉尔吉斯斯坦	19.99	670	34	1.69%	26
塔吉克斯坦	14.31	1000	68	2.32%	22
土库曼斯坦	49.12	572	13	1.50%	27
乌兹别克斯坦	44.89	3560	79	1.48%	28

数据来源：世界银行、外交部

表 A-2 中亚国家 2010-2021 年 GDP（单位：十亿美元）

年份	哈萨克斯坦	吉尔吉斯斯坦	塔吉克斯坦	土库曼斯坦	乌兹别克斯坦
2010	146.56	4.79	5.90	21.70	60.88
2011	157.40	6.20	6.33	24.89	65.46
2012	164.96	6.61	6.81	27.65	70.11
2013	174.86	7.34	7.31	30.48	75.22
2014	182.20	7.47	7.80	33.61	80.39
2015	184.39	6.68	8.27	35.80	86.20
2016	186.42	6.81	8.84	38.02	91.31
2017	194.06	7.70	9.47	40.49	95.32
2018	202.02	8.27	10.19	43.00	100.43
2019	211.11	8.87	10.94	45.71	106.16
2020	205.83	7.78	11.43	31.20	108.16
2021	214.06	8.54	12.48	42.20	116.19

数据来源：世界银行

表 A-3 2021 年中亚国家人均 GDP（单位：美元）

国家	人均 GDP
哈萨克斯坦	11265
吉尔吉斯斯坦	1123
塔吉克斯坦	1280
土库曼斯坦	7378
乌兹别克斯坦	3328

数据来源：世界银行

表 A-4 2021 年中亚五国产业结构

国家	第一产业	第二产业	第三产业
哈萨克斯坦	4.8%	35.5%	59.7%
吉尔吉斯斯坦	14.7%	38.1%	47.2%
塔吉克斯坦	22.8%	36.6%	40.6%
土库曼斯坦	10.8%	42%	47.2%
乌兹别克斯坦	28.2%	35.5%	36.3%
中亚五国平均	16.26%	37.54%	46.2%

数据来源：世界银行

表 A-5 2021 年中亚五国债务水平指标

国家	债务 /GDP 比例	惠誉	标普	穆迪
哈萨克斯坦	19%	BBB	BBB-	Baa3
吉尔吉斯斯坦	41.5%	BB-	BB-	B1
塔吉克斯坦	32.5%	\	B-	B3
土库曼斯坦	6.7%	\	\	\
乌兹别克斯坦	28.1%	BB-	BB-	B1

数据来源：World Economics

表 A-6 中亚五国历年营商环境评分

国家	2016	2017	2018	2019	2020
哈萨克斯坦	70.9	74.8	76.9	78.0	79.6
吉尔吉斯斯坦	61.3	61.3	62.4	65.4	67.8
塔吉克斯坦	51.8	53.4	54.3	55.4	61.3
土库曼斯坦			世行未纳入		
乌兹别克斯坦	61.7	62.1	66.6	67.8	69.9

数据来源：世界银行

表 A-7 2016-2021 年中国 - 中亚五国双边贸易情况（单位：亿美元）

年份	哈出口	哈进口	吉出口	吉进口	塔出口	塔进口	土出口	土进口	乌出口	乌进口	贸易差额
2016	-48.04	82.89	-0.71	56.05	-0.31	17.25	-55.63	59.02	-16.07	20.07	114.52
2017	-63.57	116.43	-0.9	53.6	-0.5	13.2	-65.75	69.43	-14.71	27.53	134.76
2018	-85.35	113.5	-0.54	55.57	-0.8	14.3	-81.19	84.36	-23.24	39.43	116.04
2019	-92.6	127.3	-0.66	63.12	-0.85	15.9	-86.86	91.17	-21.81	50.33	145.04
2020	-97.2	117.1	-0.34	28.66	-0.45	10.17	-60.71	65.16	-14.83	51.5	99.06
2021	-112.7	139.8	-0.8	74.77	-1.7	16.9	-68.44	5.15	-21.55	58.96	90.39

数据来源：商务部、外交部

表 A-8 2016-2021 年中国对中亚五国直接投资存量（单位：亿美元）

年份	哈萨克斯坦	吉尔吉斯斯坦	塔吉克斯坦	土库曼斯坦	乌兹别克斯坦
2016	54.32	12.38	11.67	2.49	10.58
2017	75.61	12.99	16.16	3.43	9.46
2018	73.41	13.93	19.45	3.12	36.90
2019	72.54	15.50	19.46	2.27	32.46
2020	58.69	17.67	15.68	3.36	32.55
2021	74.87	15.31	16.27	2.94	28.08

数据来源：商务部

附录 B 中亚国家能源电力基础数据

表 B-1 2021 年中亚国家化石能源储量

国家	石油储量 （百万吨）	天然气储量 （十亿立方米）	煤炭储量 （百万吨）
哈萨克斯坦	3900	3800	25605
吉尔吉斯斯坦	11.2	20	5700
塔吉克斯坦	22	3.4	3600
土库曼斯坦	82.192	13600	40.76
乌兹别克斯坦	100	800	1375

数据来源：国际可再生能源署、各国能源部

表 B-2 2021 年中亚国家可再生能源开发潜力（单位：吉瓦）

国家	水电技术 可开发量	风能技术 可开发量	太阳能技术 可开发量
哈萨克斯坦	15.5	8100	54000
吉尔吉斯斯坦	17.98	200	1200
塔吉克斯坦	55.15	36	8600
土库曼斯坦	1.2	120	12000
乌兹别克斯坦	6.75	11	11000

数据来源：国际可再生能源署、各国能源部

表 B-3 中亚国家能源生产总量及增速

年份	能源生产总量 （百万吨标油）	增速
2010	222.17	
2011	230.15	3.59%
2012	237.54	3.21%
2013	243.25	2.41%
2014	237.22	-2.48%
2015	222.83	-6.07%
2016	228.31	2.46%
2017	2748.92	9.03%
2018	264.08	6.09%
2019	255.84	-3.12%
2020	238.73	-6.93%
2021	248.29	4.00%

数据来源：国际能源署、商务部国别指南

表 B-4 2015-2021 中亚国家能源生产结构

年份	煤炭	石油	天然气	可再生能源
2015	19.07%	24.54%	50.69%	5.69%
2016	20.52%	23.52%	49.95%	6.01%
2017	21.12%	24.49%	47.39%	6.99%
2018	21.36%	25.05%	47.55%	6.03%
2019	21.99%	23.57%	47.93%	6.50%
2020	21.17%	22.83%	48.75%	7.21%
2021	21.55%	22.40%	48.38%	7.68%

数据来源：国际可再生能源署、各国能源部

表 B-5 中亚国家能源消费总量及增速

年份	能源生产总量 （百万吨标油）	增速
2010	128.46	
2011	140.23	9.17%
2012	145.12	3.48%
2013	142.5	-1.81%
2014	146.61	2.89%
2015	145.65	-0.66%
2016	144.65	-0.68%
2017	149.34	3.24%
2018	161.15	7.91%
2019	163.03	1.17%
2020	156.15	-4.22%
2021	164.2	5.15%

数据来源：国际能源署、英国石油公司

表 B-6 2021 年中亚国家人均能源消费量（单位：吨标油 / 人）

国家	人均能源消费量
哈萨克斯坦	3.59
吉尔吉斯斯坦	0.62
塔吉克斯坦	0.73
土库曼斯坦	6.27
乌兹别克斯坦	1.38

数据来源：国际能源署、英国石油公司

表 B-7 中亚国家能源消费品种结构

年份	煤炭	石油	天然气	可再生能源
2015	16.80%	23.85%	37.13%	22.22%
2016	16.85%	24.61%	37.27%	21.26%
2017	18.14%	23.08%	36.99%	21.79%
2018	18.72%	23.18%	37.61%	20.50%
2019	18.75%	21.92%	38.05%	21.28%
2020	18.38%	20.61%	38.35%	22.67%
2021	18.16%	20.35%	38.87%	22.62%

数据来源：国际能源署、英国石油公司

表 B-8 中亚地区终端能源消费结构

年份	工业	交通	居民	服务业	其他
2015	22.72%	17.44%	27.64%	9.27%	22.93%
2016	24.09%	16.84%	27.21%	9.86%	22.00%
2017	24.83%	16.29%	29.26%	9.84%	19.88%
2018	24.69%	18.03%	27.46%	10.52%	19.30%
2019	23.20%	17.73%	29.25%	10.78%	19.04%
2020	20.28%	18.13%	30.96%	11.46%	19.17%
2021	20.88%	18.77%	30.24%	11.68%	18.43%

数据来源：国际能源署、英国石油公司

表 B-9 2016-2021 年中亚国家二氧化碳排放量（单位：百万吨）

国家	2016	2017	2018	2019	2020	2021
哈萨克斯坦	288.69	307.91	317.28	295.87	291.34	288.81
土库曼斯坦	73.46	73.36	73.25	74.76	72.04	83.01
乌兹别克斯坦	110.14	108.93	116.46	118.80	118.24	121.63
塔吉克斯坦	6.44	7.86	9.11	9.83	9.45	10.43
吉尔吉斯斯坦	9.65	9.35	11.1	9.03	8.49	9.31
合计	488.38	507.41	527.20	508.29	499.56	513.19

数据来源：Our World in Data、本报告研究

表 B-10 2021 年中亚国家人均二氧化碳排放量（单位：吨／人）

国家	人均 CO_2 排放量
哈萨克斯坦	14.41
土库曼斯坦	13.09
乌兹别克斯坦	3.57
塔吉克斯坦	1.06
吉尔吉斯斯坦	1.43

数据来源：Uur World in Data、本报告研究

中国－中亚能源合作报告

表 B-11 中亚五国发电装机总量（单位：吉瓦）

年份	哈萨克斯坦	土库曼斯坦	乌兹别克斯坦	塔吉克斯坦	吉尔吉斯斯坦
2010	19.36	4.64	12.56	5.05	3.77
2011	20.52	4.64	12.55	5.05	3.77
2012	21.58	4.64	12.58	5.05	3.86
2013	22.61	4.78	13.10	5.14	3.86
2014	25.30	5.18	13.04	5.35	3.87
2015	25.39	5.18	13.22	5.39	3.89
2016	25.45	5.43	14.10	5.65	3.81
2017	25.51	5.43	14.37	5.65	3.94
2018	25.27	7.01	14.19	5.65	3.95
2019	24.27	7.01	15.94	5.81	3.95
2020	25.02	7.01	16.64	6.40	3.95

数据来源：国际能源署、各国能源部门

表 B-12 2021 年中亚五国发电装机结构

国家	煤炭	石油	天然气	水能	可再生能源
哈萨克斯坦	61.9%	-	17.2%	10.6%	10.3%
土库曼斯坦	-	-	99.98%	0.02%	-
乌兹别克斯坦	4%	0.7%	87.8%	7.5%	-
塔吉克斯坦	8.5%	1.9%	89.6%	-	-
吉尔吉斯斯坦	8.4%	0.3%	0.5%	90.7%	-

数据来源：国际能源署、英国石油公司

表 B-13 中亚五国电力消费总量（单位：太瓦时）

年份	哈萨克斯坦	土库曼斯坦	乌兹别克斯坦	塔吉克斯坦	吉尔吉斯斯坦
2010	77.2	12.1	50.8	14.3	10.2
2011	81	12.5	52.1	13.9	12.4
2012	87	12.8	52.3	13.9	13.6
2013	91.1	13.6	53.7	13.6	13.7
2014	87.1	14.7	55.0	12.1	14.8
2015	86.7	16.4	56.4	13.2	13.6
2016	88.1	16.4	57.6	13.2	13.3
2017	92.4	16.4	60.2	13.9	14.2
2018	97.6	16.4	62.5	14.5	15
2019	96.7	16.4	64.8	15.4	15.1
2020	98.6	17.2	69.0	15.4	15.5

数据来源：国际能源署、Enerdata、各国能源部门

表 B-14 2021 年中亚五国电力消费结构

国家	工业	居民	交通	农业	商业与公共服务	其他
哈萨克斯坦	68.2%	18.0%	11.1%	11.1%	11.1%	2.7%
土库曼斯坦	36.1%	21.0%	2.6%	31.8%	-	8.51%
乌兹别克斯坦	34.7%	32.2%	1.9%	16.9%	12.2%	2.1%
塔吉克斯坦	20.7%	42.2%	0.1%	16.9%	20.0%	-
吉尔吉斯斯坦	14.8%	77.5%	0.2%	1.2%	5.4%	0.9%

数据来源：国际能源署、英国石油公司

表 B-15 2021 年中亚五国输电线路情况

电压等级 （kV）	哈萨克斯坦 （km）	土库曼斯坦 （km）	乌兹别克斯坦 （km）	塔吉克斯坦 （km）	吉尔吉斯斯坦 （km）
1150	1421	/	/	/	/
500	8288	1060	1850	489	946
330	1863	/	/	/	/
220	14899	2000	6200	1960	2019
110	/	7600	15300	4327	4613

数据来源：国际能源署、各国能源部门、本报告研究

表 B-16 2021 年中亚五国内部电力进出口情况

GWh	哈萨克斯坦	土库曼斯坦	乌兹别克斯坦	塔吉克斯坦	吉尔吉斯斯坦
进口	305	0	6200	883.3	1683.6
出口	1325	9000	0	3300	546.2
净出口	1020	9000	-6200	2416.7	-1137.4
总规模	1630	9000	6200	4183.3	2229.8

数据来源：国际能源署、各国能源部门、本报告研究

附录 C 中亚国家能源电力展望

表 C-1 2010-2040 年中亚地区能源需求（单位：百万吨标油）

年份	延续场景	转型场景	能效场景
2010	128.45	128.45	128.45
2015	145.65	145.65	145.65
2020	156.15	156.15	156.15
2025	170.72	168.22	165.75
2030	183.91	180.33	174.20
2035	195.22	189.53	181.28
2040	200.64	193.83	184.48

数据来源：本报告研究

表 C-2 2010-2040 年中亚地区电力需求（单位：太瓦时）

年份	延续场景	转型场景	能效场景
2010	164.61	164.61	164.61
2015	186.27	186.27	186.27
2020	215.72	215.72	215.72
2025	252.52	248.87	238.17
2030	288.50	277.48	256.58
2035	316.97	298.92	269.67
2040	331.49	311.07	276.48

数据来源：国际能源署、各国能源电力规划、本报告研究

表 C-3 2010-2040 年中亚地区电力装机总量（单位：吉瓦）

年份	延续场景	转型场景	能效场景
2010	45.37	45.37	45.37
2015	53.07	53.07	53.07
2020	59.02	59.02	59.02
2025	70.44	68.42	65.81
2030	85.70	81.26	74.45
2035	99.35	93.30	84.24
2040	108.62	100.51	89.41

数据来源：国际能源署、国际可再生能源署、本报告研究

表 C-4 转型场景下 2020-2040 年中亚地区电源装机结构

年份	煤电	气电	水电	风电	光伏	生物质	核电
2020	36.72%	32.45%	23.75%	2.01%	5.04%	0.03%	0.00%
2025	29.86%	33.70%	22.46%	6.43%	7.53%	0.02%	0.00%
2030	24.62%	31.03%	20.74%	9.17%	11.73%	0.02%	2.70%
2035	21.22%	30.67%	18.99%	12.23%	14.44%	0.02%	2.44%
2040	18.70%	30.18%	16.72%	16.01%	16.20%	0.03%	2.16%

数据来源：国际能源署、国际可再生能源署、各国能源电力规划、本报告研究

常见单位对照表

1千克标准油=1立方米标准气=1.4286千克标准煤

1千克标准煤=0.7千克标准油=0.7立方米标准气

1千瓦时电力=0.1229千克标准煤

1太瓦=1000吉瓦=10^6兆瓦=10^9千瓦